As 7 formas de ganhar dinheiro e poder

Uma abordagem filosófica

Lucas Lima

Sumário

1.Introdução

O objetivo aqui é compreender o ganho de dinheiro e de poder, nos levando à questão de como atingir tais habilidades e ocupar as cobiçadas posições superiores na sociedade. Diferenciando-nos de outros trabalhos sobre o tema, que resvalam para a autoajuda e a solução fácil, buscaremos a verdade, ainda que incômoda.

Vale lembrar que o processo de circulação de dinheiro e prática de poder pode ser estudado como outros assuntos quaisquer, a exemplo de ecossistemas, sociedades, reações químicas, história etc. Não é necessário, como nos diz o senso comum, ser rico ou poderoso, para falar de riqueza e poder, respectivamente. Da mesma forma, não é preciso ser um urso para estudar ursos, como os biólogos sabem. Basta ser observador e usar a Lógica.

Como funciona o ganho de dinheiro? O que faz com que uma pessoa exerça o poder concreto sobre as demais? Para responder tais perguntas, devemos, de início, diferenciar as características do dinheiro e do poder. É comum que os dois conceitos sejam confundidos.

O dinheiro é um meio, "vale-compras" ou ticket, uma ferramenta para implementar outro projeto, este sim a atividade-fim. Quando pessoas atribuem ao dinheiro seu bem estar, ou seu sucesso, estão confusas, pois o dinheiro apenas comprou o acesso a locais especiais e produtos; não criou o local e o produto em si.

O próprio engano, nesse caso, ajuda, pois, ao acreditar que o dinheiro traz felicidade, sua mente pode produzir essa felicidade devido a essa crença e não pelo dinheiro em si. Se alguém, hipoteticamente, fosse doutrinado no sentido de que a verdadeira glória seria lutar em uma guerra, sua mente produziria felicidade ao lutar uma guerra, pois foi treinada para isso. Ser um guerreiro, neste caso, valeria mais do que ser rico.

Pode-se acrescentar que o dinheiro é quantitativo, precário e virtual.

Quantitativo no sentido de que é medido pelo seu valor matemático; quanto mais, melhor, quanto menos, pior. Sempre pode ser convertido e dividido, viabilizando as trocas econômicas, a contabilização e a reserva de valor.

É precário porque nada o vincula à pessoa que detém a sua posse, sendo as próprias notas ao portador, ou seja, se forem roubadas continuam valendo. Nos casos de investimentos em nome do indivíduo, nada impediria que um juiz efetuasse o bloqueio do valor ou o próprio banco o retivesse, em eventual processo de falência.

Também é virtual, pois não está em lugar nenhum do mundo físico. Encontramos representações, como notas, extratos, mas não o dinheiro em si. É uma quantidade abstrata que transita por bancos, operações financeiras e balanços patrimoniais, dependendo do reconhecimento de todo o sistema da sua propriedade desses valores.

O poder, por sua vez, é um fim, podendo ser considerando mais como um verbo do que como um substantivo. Quem tem poder, pode mais. Se uma pessoa comum não pode fumar em determinado local, o poderoso pode. Se alguém não pode matar outra pessoa, sob pena de prisão, o poderoso pode, sem qualquer penalidade.

É também a capacidade de fazer os outros realizarem a sua própria vontade, muitas vezes ludibriadas, sem saber que o fazem, em outras por puro prazer de agradar ao seu senhor. Você manda, o outro obedece. Não se pode fingir o poder, da mesma forma que se finge ter dinheiro, pois o poder é verificável imediatamente, sendo inerente à presença do poderoso. Há, no indivíduo poderoso, um aspecto de macho alfa, no caso dos homens, ou de magnetismo erótico, no caso das mulheres, e, ainda, para ambos os sexos, carisma, capacidade de ter a atenção sem pedir, ao lado de um temor por parte de todos: atração e medo em relação a esta pessoa.

Outras características do poder: qualitativo, permanente e concreto.

Diz-se qualitativo por não poder ser medido, da mesma forma que a cor vermelha é uma qualidade, e não pode ser contada em números. Quem foi mais poderoso, Napoleão ou Churchill? Não há como medir. No entanto, é possível, através de uma pesquisa, dizer qual foi mais rico, com precisão.

Diz-se permanente porque dura enquanto durar a vida do poderoso; é comum vê-los velhos, perdendo os movimentos do corpo, mas ordenando massacres, recomendando contratações etc. Mesmo quando condenados ao ostracismo, costumam retornar triunfantes.

E concreto porque se sempre se exerce aqui e agora, em certa situação, com certas pessoas envolvidas. Enquanto o dinheiro está em algum lugar indefinido, em uma conta bancária, em um cofre, difuso em uma casa, o poder está precisamente onde o corpo do poderoso está, é sempre carregado com ele: é, em realidade, ele mesmo.

Poderíamos estipular três níveis de ação, em vista de dinheiro e poder. O primeiro, mais baixo e de curto prazo, seria o nível físico. Neste a dominação é pela força, sendo seu principal exemplo o exército. O segundo, intermediário e de médio prazo, seria o nível financeiro. Neste a dominação é pelo dinheiro, sendo seu principal exemplo o banco. O terceiro nível, mais alto e de longo prazo, seria o nível cultural. Neste a dominação é mental, através da propaganda e da imagem, sendo seu principal exemplo a grande corporação.

Foram enumeradas nessa obra as 7 posições possíveis no caminho da riqueza e da ascensão social: trabalho, tecnocracia, empresa, investimento, intermediação, Estado e corporação. Todas as demais formas que forem encontradas, sem muito problema, podem ser encaixadas nessas posições.

Segue um breve resumo. Trabalho é a contrapartida individual em relação a um pagamento, em vista de um produto ou serviço. Tecnocrata é o meta-trabalhador que vende sua própria imagem e produtos culturais associados. Empresa, ou empreendimento, é o trabalho coletivo, ao adicionar meios de produção sofisticados, tornando, como diz a frase, "o todo maior que a soma das partes". Investimento é aplicar o excesso de dinheiro em outros empreendimentos, obtendo participação nos resultados. Intermediação é conectar agentes do mercado, cobrando comissões. Estado é a ocupação territorial via monopólio da força, para extração de percentual da riqueza produtiva local. Corporação é o aperfeiçoamento de trabalhadores, tecnocratas, empresas, investidores, intermediários e políticos, através de uma fusão inteligente.

Vejamos algumas possíveis exceções, e como enquadrá-las: líderes religiosos, guerras, crimes e heranças.

Líderes religiosos serão enquadrados como tecnocratas, termo mais moderno que abarca a mesma categoria dos antigos gurus, curandeiros, pajés, bispos e padres, agora remodelados para a mitologia moderna. De fato, a atividade de um guru é menos a de atingir o mundo espiritual, e mais a de controlar um grupo, estabelecer diretrizes, ordenar e punir pessoas. Práticas solitárias como a meditação e a oração estariam mais próximas de um contato com a divindade, sem necessidade de uma organização religiosa.

A guerra, em outro exemplo, é um empreendimento, em sua forma mais brutal; é a entrada forçada em um novo mercado, ou mesmo uma parceria público-privada, em que Estados e corporações se unem para expansão e conquista de recursos. Há casos em que a guerra pode ser vista como um esporte extremo, em que líderes de potências aumentam seus gastos militares e empregam a sua população como combatentes, colhendo bons frutos eleitorais.

Da mesma forma, a atividade criminosa, como demonstrado no livro *Freakonomics*, de Dubner e Levitt, segue a estrutura de empresas normais. Alguns exemplos de empreendimentos ilegais seriam: tráfico de drogas, roubo, assalto e sequestro.

Roubar ou assaltar são atividades criminosas que se assemelham às guerras e aos atendimentos de clientes ocorridos em empresas. O roubo equivale ao desperdício que ocorre em todas as organizações. Perder um produto via roubo é o mesmo que perder o mesmo produto por obsolescência ou mau funcionamento. Ganhar dinheiro através do roubo, por sua vez, funciona como as minúcias de um contrato que passaram despercebidas pelo cliente ou como uma taxa cobrada discretamente pelo banco, debitando em conta. O roubo é a venda "perfeita", na qual se tem o pagamento sem entregar nada em contrapartida.

Quanto ao assalto, levando ao limite, é o uso de uma arma como técnica extrema de convencimento, em comparação com sua versão mais leve: a venda pela argumentação. O assalto a mão armada não é, mesmo com seus métodos exagerados, garantia de receber o dinheiro do "cliente", pois alguns se recusarão a "pagar" o assaltante chantagista, preferindo fugir ou reagir.

Em outra analogia, o assaltante é um Estado individual cobrando seu tributo. Da mesma forma que o Estado usa o monopólio da força para exigir pagamentos compulsórios da população desarmada, o assaltante usa a força de forma unilateral, obtendo retorno financeiro.

O caso da herança é um tanto mais complexo. De fato, em caso de filhos distantes dos pais, soa como um ganho de dinheiro receber, no falecimento dos pais, os recursos destes. Ou mesmo, um acréscimo de poder, assumir certas posições deixadas em aberto pelos pais. Mas, em uma perspectiva histórica, o dinheiro e o poder sempre são familiares. Esse fato se confirma com a constatação de que os homens mais ricos e poderosos do mundo atuam em conjunto com suas famílias, o que permite a continuidade intergeracional dos negócios. Assim, o pai pagar um salário ao seu filho, ou tomá-lo de volta, nada representa em termos econômicos, pois a renda continua interna, entre laços de sangue irrevogáveis.

A divisão da herança dos pais, portanto, entre filhos, e, posteriormente, entre netos, atua contra a prosperidade, pois a divisão contínua de algo fará cada parcela tender a zero. A criação do artifício legal da divisão do espólio teve, no passado, justamente a intenção de dissolver a divisão de classes da sociedade, movida pelo ideal de igualdade democrática, como no relata o livro *Democracia na América*, de Alexis de Tocqueville.

A elite sabe, contudo, manter a fortuna familiar indivisível, através de artifícios jurídicos, como a criação de fundações e pessoas jurídicas. Herdar dinheiro sinaliza a decadência familiar; não é algo positivo, como se faz parecer.

Uma família progride absorvendo recursos de outras pessoas e famílias. É preciso entrar "dinheiro novo", ou seja, convencer ou coagir alguém que, de início, não daria nada, a dar voluntariamente seus recursos. Os filhos, filhas, netos, netas, esposas e maridos, sempre se beneficiarão das conquistas do patriarca, o homem que comanda a hierarquia. O filme *O Poderoso Chefão*, de Francis Ford Coppola, ilustrou este ponto.

O foco será o *ganho* de dinheiro e poder, não sendo abordado o *gasto* de dinheiro e o *exercício* do poder, que nada têm de interessante, estes sendo iguais para todas as pessoas. É fácil gastar dinheiro; difícil é ganhá-lo. É, em outro exemplo, fácil destruir uma estátua; difícil é esculpi-la. Ou, ainda, difícil viver de forma corajosa, sendo o contrário, viver de forma medrosa e inativa, fácil, bastando em realidade nada fazer. Da mesma forma, a *perda* de poder, com a derrota ou a morte, ou a *falência* financeira, não são objetos de estudo aqui.

Ao longo da obra, serão explicadas em detalhes as 7 posições, e como funciona o ganho de dinheiro e o poder na dinâmica delas. Cada tema será tratado, assim, abordando cada uma das posições. Após a presente introdução, marcada como parte 1, o capítulo 2 fará uma breve introdução ao pensamento em geral, com destaque para a Economia. O capítulo 3 descreverá as 7 posições. O capítulo 4 tratará dos mitos e verdades inconvenientes das 7 posições. O capítulo 5 explica as 7 formas de ganhar poder. O capítulo 6, por sua vez, explicará as 7 formas de ganhar dinheiro. O capítulo 7 abordará os erros mais comuns e algumas dicas. Ao final, uma conclusão.

2. Aprender a pensar

Em uma primeira impressão, poderá soar estranho uma seção acerca de princípios do pensamento, antecedendo a abordagem do tema principal. Da mesma forma que uma série de exercícios físicos começa com um aquecimento ou um alongamento, o pensamento precisa ser aquecido e alongado, para aprender algo novo em seguida.

Pensar não é a tendência natural do ser humano. A nossa inclinação animal é pela ação bruta. Sem a habilidade de cogitar e raciocinar, os mesmos métodos grosseiros desta ação darão forma à atividade psíquica.

Outro vício muito comum é "raciocinar" pela emoção. Gostamos dos sons das palavras, e podemos, não havendo disciplina, nos perder em devaneios e ideologias vazias, ao sabor do sentimento. Levando ao extremo, surgiria a histeria, que é primeiro dizer e depois sentir o que disse, ao invés do correto, o inverso, que é primeiro intuir e apenas depois, com calma, expressar.

É possível certamente viver sem pensar, assistindo televisão e lendo revistas baratas. No entanto, quem segue por esse caminho estará sempre surpreso, será sempre enganado, roubado, manipulado, conduzido como gado. Reconheceremos, dessa forma, que se vive sem pensar, mas uma vida menos plena, menos bela, menos profunda.

Da mesma forma que a disposição de materiais pelos engenheiros permite construir um enorme prédio, a ordenação do conhecimento dá ao pensador a chance de construir também seus prédios, suas pontes e suas criaturas. Melhor ainda, permite construir mundos inteiros, muitas vezes literalmente.

Como o best seller *Think and Grow Rich* (pense e enriqueça), de Napoleon Hill, nos sugere, o processo de sucesso material passa pelo pensamento, pela criatividade e pela imaginação. Filósofos, de forma muitas vezes despercebida, moldaram a realidade em que vivemos. Quanto mais uma pessoa rejeite o papel dos filósofos e pensadores em criar mundos, mais ele está imerso e inconsciente, dentro de um mundo que alguém criou para ele.

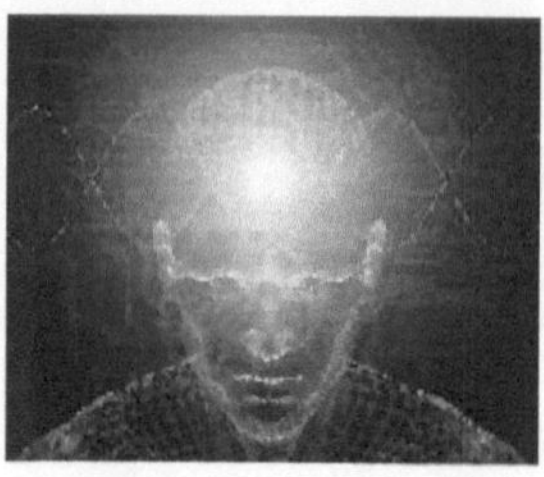

Pensar e perceber o mundo não são necessariamente processos passivos, no sentido de que estímulos vêm "de fora" e adentram o nosso cérebro, sendo registrados como "a realidade". Sim, em parte isso ocorre, mas há uma outra face da moeda, que é a nossa subjetividade atuando como criadora da realidade externa. Além de podermos selecionar os estímulos que chegam, organizá-los do nosso modo e descartar muitos deles, ainda inserimos coisas novas na realidade, desde alterações físicas, efetuadas com nossas mãos, nosso corpo enfim, até a descoberta de forças invisíveis que atuam no mundo, e que apenas nós, muitas vezes, as consideramos, sendo extensões materiais da nossa subjetividade.

Assim, o "mundo" é o "nosso mundo". Esta simples conclusão, observemos, tem consequências enormes. Somos responsáveis, em certa medida, por tudo que nos ocorre, pelas pessoas que conhecemos, inclusive por acaso, pelos acidentes que sofremos, pelas aventuras que vivemos e, por fim, o tema dessa obra, pela quantidade de dinheiro e poder que temos. Essa responsabilidade nem sempre é evidente, necessitando de meditação e amadurecimento para assumi-la.

Em primeiro lugar, na jornada de autodescoberta, devemos questionar, como iniciamos acima, a ideia de "realidade" como algo imutável e inquestionável. Toda "realidade" é o estado atual de nossa consciência, diante de tudo que vivemos até aquele momento, diante dos nossos preconceitos, dos ensinamentos básicos familiares e escolares que tivemos, das ilusões de ótica possíveis, do viés emocional daquele dia específico, das distrações, do grau de concentração no presente, dos relatos persuasivos de pessoas próximas e, por fim, dos efeitos concretos que ficaram marcados no nosso corpo.

A título de exemplo, quando vemos um objeto cair no chão, e dizemos que a "lei da gravidade" atuou, puxando o objeto para baixo, não nos damos conta de que o que vimos foi apenas o objeto cair; não vimos qualquer lei atuar, sendo esta uma projeção dos nossos conhecimentos escolares; invisível ao olhar, mas tida por "real". Um físico honesto, especializado no assunto, veria algo muito mais curioso e incerto, diante do mesmo objeto caindo.

Assim, a ideia de "fato", cara ao jornalismo, nada mais é a do que utopia materialista pós-moderna, qual seja a de que a verdade absoluta estaria, não na transcendência ou na esfera espiritual, mas marcada no chão duro da matéria, evidente em si mesma, sem qualquer margem de incerteza. Tanto isso é verdade, que o próprio jornalismo, propagador dessa ilusão da exatidão inquestionável da notícia, costuma dolosamente rotular como "fato" aquilo que interessa aos seus financiadores e anunciantes. O chamado "fato" é um sonho.

Ser pobre, ser rico, ser poderoso, ser bonito, ser fracassado, são projeções subjetivas, a serem acatadas de forma intersubjetiva. Não importa se você é rico, mas se te tratarem como rico, e você mesmo se convencer de que é, não havendo uma testemunha impessoal, você é rico de fato. Alguém perguntará: e por que todos não usam este recurso para serem ricos, belos e poderosos? Porque ninguém consegue mentir a tal ponto, exceto psicopatas. Estes, pode-se notar, são os campeões em ascensão social, atuando na política, na academia, na guerra, no crime, na indústria de entretenimento etc. Como não sentem culpa em mentir, os psicopatas, quase sempre impunemente, são capazes de dominar uma sociedade, sendo ricos, poderosos e influentes.

Não digo que devemos ser psicopatas, mesmo porque, até onde sabemos, é algo genético. Mas podemos aprender algo com eles: a capacidade de, sem qualquer timidez, com grande carisma, dominar um ambiente, impor sua vontade, conquistando tudo que quer, seja dinheiro ou poder. Simplesmente a força de uma personalidade, como um grande líder, sem qualquer recurso ou arma, tomando as rédeas de uma nação, ou mesmo de algo menor, como uma empresa.

É preciso ter clara a noção de que o que pensamos que somos é importante para ser o que queremos. Não há uma receita de bolo matemática para o sucesso, em especial considerando o ser humano e a sociedade como são, ou seja, profundamente carentes e emocionais. Atenda a demanda das pessoas, e elas te doarão todo dinheiro e poder que precisar. Ou, ao menos, inocule, em todos, a ideia de que tiveram suas demandas atendidas.

A mente criadora evita reclamar, ou delegar responsabilidades. Evitar achar culpados, ou lamentar as circunstâncias. Cria o que for necessário, seja para ser um grande artista, um empresário de sucesso, ou para realizar seus objetivos maiores, enfim. Se precisar estudar, estuda. Se precisar aprender uma língua específica, aprende. Se precisar ser um grande retórico, se prepara para isso. Se precisar de uma oportunidade, também a cria. Se a sua persona não é suficiente, livre-se dela, e assuma uma nova.

2.2 Progresso do pensamento

Existem níveis de pensamento. Não basta saber pensar simplesmente, mas passar por todos os níveis, aperfeiçoando a própria mente, que se tornará cada vez mais afiada, e intensificando a vida como um todo, a qual será muito mais rica.

Podemos fazer uma análise tanto vertical quanto horizontal acerca do que é o pensamento e seus níveis. Horizontalmente, temos os tipos de pensamento, todos com igual validade e status: ciência, filosofia, arte e religião. Verticalmente, temos, em escala ascendente, do mais baixo para o mais alto: senso comum, ciência, filosofia, misticismo e moral.

No primeiro caso, corte horizontal, a ciência cuida das funções, relações, deduções, induções e do modo *como* as coisas funcionam. A filosofia trata dos conceitos, das essências, do substrato lógico da própria razão, estando mais interessada no *porquê*, na causa de algo vir a ser o que é. A arte aborda a realidade do ponto de vista das emoções, dos afetos, estruturas estéticas, das percepções e tenta tornar visível o invisível, trazer o inumano para o humano; mostra o *quid*, o *quê*. A religião e suas facetas, como a moral e o misticismo, compõem arquétipos, mitos, dogmas e verdades absolutas, sendo o lastro fixo, a premissa do desenvolvimento social, propondo respostas para as questões finais *de onde* e *para quê*.

Assim, não há diferença, em termos de status, entre a teoria da mecânica quântica (ciência), a metafísica de Descartes (filosofia), um quadro de Van Gogh (arte) ou a mitologia hindu (religião). Cada um possui valor em si mesmo e fins diferentes. Vale lembrar que o formato não interfere nessas categorias, apenas a mensagem, pois, considerando o formato livro, podemos ter à venda em uma livraria títulos como a *Bíblia Sagrada* (religião), *O Gene Egoísta* (ciência), de Richard Dawkins, uma coletânea de fotografias (arte), de Henri Cartier-Bresson ou *A República* (filosofia),de Platão. Há outros formatos muito populares que podem transmitir as mesmas mensagens, como filmes, websites etc.

No corte vertical, começaríamos com a sociedade comum, as conversas do dia a dia, o senso comum. É o ponto zero, quando as pessoas emitem opiniões, que nada mais são do que o ajuntamento aleatório de palavras, tentando manter um sentido geral, funcionando a emoção com uma cola a unir esse conjunto. Opiniões compõem a chamada função fática da linguagem, a conversa miúda, falar por falar, para se inserir socialmente. Certamente nem sempre é fácil identificar esse processo, pois muitos palpiteiros se travestem de intelectuais e fingem, como atores, real interesse pela descoberta da verdade.

Sobe-se um degrau quando se pratica ciência. Ciência é, através da observação e da repetição, detectar, em um conjunto de dados, após tratamento estatístico, padrões não detectáveis em casos isolados. O método científico testa uma hipótese com rigor, ao limite, busca registrar as pequenas variações e, se a hipótese se mostrar resiliente, poderá ser promovida a uma teoria científica. Requer paciência, persistência e, ao menos no início, intuição para especular e elaborar uma hipótese.

A filosofia ao invés de deduzir a realidade, ou as leis que regem probabilisticamente o universo, irá ao cerne do absoluto, confrontará a realidade de frente. A intuição, agora, ao invés de ser apenas a faísca do processo, como na ciência, será o centro. O sistema filosófico é construído em torno de uma intuição simples, ou poucas intuições, que gerarão premissas, que se tornarão um sistema complexo. O sistema filosófico cresce através da lógica argumentativa e da dialética. Diferentemente da ciência, não precisa de evidências, mas de coerência.

Nota-se que filosofia e ciência podem ser tidas tanto como no mesmo nível, quanto em níveis hierárquicos diferentes. São tão próximas as duas disciplinas que alguns creem se tratar da mesma coisa vista por dois ângulos diferentes. Se visto pelo lado material, temos a ciência. Se visto pelo lado espiritual, temos a filosofia. Em uma sociedade materialista como a ocidental contemporânea, naturalmente a ciência se destaca, por ser mais adequada a lidar com a matéria.

O misticismo é a fusão entre a ação e o pensamento. É, assim, a etapa seguinte, depois da ciência e da filosofia. Através da inspiração divina, ou de uma difusão no todo, o místico transpõe seu pensamento para o mundo, envolve suas ideias em todo o seu corpo e em tudo que faz. Apesar dos charlatões que existem em qualquer área, há os verdadeiros gurus, homens sábios e pensadores místicos, capazes de, com sua presença e seu exemplo, transmitirem uma mensagem, muitas vezes sem usar palavras.

A moralidade é a última etapa. Os dogmas são o congelamento de um processo místico explosivo, anterior, que os testou. O místico repassará às instituições suas máximas de conduta, que resplandecerão por toda a humanidade. A moral diz o que devemos e não devemos fazer, de forma absoluta. É o requisito de florescimento de uma cultura e do bom andamento das demais áreas de pensamento.

Prever o futuro é possível, desde que existam padrões na natureza. É comum, no entanto, que videntes, adivinhos e praticantes da divinação sejam ridicularizados, com o argumento de que não é possível prever o futuro. Mas o fato é que é possível ver o que vai ocorrer com razoável certeza e antecedência, ainda que não com os métodos mágicos dos videntes tradicionais. Para prever o futuro é preciso apenas observar e pensar.

Há dois tipos de futuro: o criado pelo homem e o criado pela natureza. A diferença é que o homem é capaz de falar expressamente o que quer, podendo executar. A natureza, por sua vez, não fala, mas simplesmente se transforma subitamente.

"A melhor maneira de prever o futuro é criá-lo", como disse Peter Drucker. Ou "não espere pela oportunidade certa, crie-a", nas palavras de George Bernard Shaw. Assim, em primeiro lugar, a previsão mais fácil de ser cumprida é relativa a uma ação que caiba ao próprio vidente. Todo homem consciente, que aja com determinação, é um vidente. Ao ver uma mulher atraente em um bar, um homem sentado em outra mesa, ainda não visto por ela, poderá abordar essa mulher, e, se for competente em seduzi-la, ter um relacionamento com ela. Este homem pôde determinar o desenrolar dos eventos e sabia o que iria ocorrer.

Em segundo lugar, vêm as ações humanas planejadas por indivíduos que historicamente cumprem suas promessas. Se o vidente compreende bem um determinado grupo político, um conglomerado econômico, a liderança de uma comunidade e tem acesso a seus planos ou reuniões decisórias, será possível prever uma série de eventos futuros relacionados. Por exemplo, se estivermos presente em uma reunião de diretoria de uma grande empresa, e seja determinada a demissão de metade dos funcionários, isto irá ocorrer, porque está ao alcance daquelas pessoas realizar tal ato; com base no passado, eles cumprem o que dizem.

Temos, em terceiro lugar, os ciclos econômicos, ciclos de obsolescência de produtos, ciclos de colheitas na agricultura, ciclos de grupos políticos que alternam o poder etc. Conhecendo estes ciclos, e sabendo em que etapa estamos, pode-se determinar qual etapa vem a seguir. Por exemplo, se um observador atento detecta que estamos em uma bolha imobiliária, sabe que em seguida, após um pico nos preços de imóveis, virá uma queda abrupta, e é o que ocorrerá.

A ciência, em quarto lugar, é um trabalho de previsão, tanto de comportamento animal, quanto de ciclos naturais, transformações ambientais, mecânica de ecossistemas, reações de micropartículas a estímulos, ação futura de um medicamento no corpo humano etc. A ciência, sempre a se fazer, incompleta, mas com muitas conquistas, busca encontrar padrões na natureza.

Um padrão, como seu conceito implica, é uma forma recorrente, insistente, essencial a algo. Sabendo o padrão de comportamento de um leão, podemos posicionar a câmera em um lugar vazio, com dias de antecedência, esperando os leões aparecerem para acasalar, e registrar o evento, que ocorrerá. Da mesma forma, pode-se antecipar a erosão de uma montanha, ou o efeito do esfriamento de uma corrente oceânica no comportamento dos peixes.

Planejamento e acaso são, vale lembrar, compatíveis. Muitos não admitem que uma guerra, aparentemente caótica, tenha também planejamento frio por trás. Dizem que não seria possível prever cada detalhe de cada batalha, ou coordenar todos em uma mesma direção.

O erro é esquecer que cada acontecimento pode ser um misto, em que é parcialmente acaso, parcialmente planejamento. Como exemplo, um homem pode pretender atacar outro soltando um cachorro feroz em cima dele; certamente não irá prever cada passo do cachorro ou como será a mordida, e nem mesmo o cachorro sabe dos planos dele, ao seguir seu instinto cego. No entanto, foi um ataque intencional e planejado. Grandes eventos históricos seguiram a mesma lógica do exemplo anterior.

Em resumo, quanto mais se conhece algo, mais se pode prever algo a seu respeito. Isso, em certo sentido, é o conhecimento. Portanto, o vidente existe, é um homem observador, um homem de ciência, atento às nuances que gerarão tendências, pesquisador incansável.

2.4 A verdadeira elite

A verdadeira elite é composta de indivíduos ou grupos que controlam simultaneamente 3 coisas: dinheiro, poder e cultura. Ou seja, é preciso verificar se as 3 características estão presentes, antes de considerar alguém parte da elite.

É preciso não só ter dinheiro, como ser sócio da máquina que faz dinheiro e controlar a produção dos principais produtos econômicos. É preciso não só ter influência política, mas ser próximo da oligarquia que controla o Estado. É preciso não só ler muitos livros, mas conhecer as pesquisas avançadas em andamento e ainda não publicadas, além de conhecer história e saber o *status quaestionis*, ou "estado da questão", nas mais diversas disciplinas. Houve épocas em que o povo nem mesmo sabia ler, sendo esta habilidade restrita à elite.

Dessa forma, um jogador de futebol multimilionário não é da elite, um prefeito de uma cidade pequena sem muito dinheiro não é da elite e, em outro exemplo, um escritor famoso por sua obra, mas sem dinheiro e conexões, também não é da elite. O presidente dos Estados Unidos da América, tido erroneamente como superpoderoso, também não é da alta hierarquia, afinal ele nunca determinará a criação de uma lei ou o início de uma guerra, sem aprovação de terceiros.

Certamente, os homens mais ricos do mundo não querem publicidade. Não há interesse, por parte destes, de estar sob os olhos da população. Não constarão em listas dos mais ricos, nem ocuparão cargos políticos, com raras exceções. Afinal, nas revoluções, os seus prepostos é que terão as cabeças cortadas e suas fortunas saqueadas, deixando-os livres para continuarem exercendo seu poder de forma segura. A revista Forbes, por exemplo, através de um suposto monitoramento de fortunas, sempre deixará de lado, sem menções, a elite real; nem mesmo ditadores, ou seja, donos de países, são citados.

Muitas pessoas creem, assim, de forma equivocada, que basta ter dinheiro para ser da elite. Ou que basta ter títulos emitidos por universidades para ter cultura. Ou, por fim, que votar em políticos nas eleições as dá algum poder. Os 3 enganos emblemáticos são amplamente difundidos. Vejamos cada um deles.

Ter dinheiro não é, na verdade, o que as pessoas buscam. Eles buscam aquilo que o dinheiro pode comprar, e concordariam em ter essas coisas de graça, se pudessem, como parceiros (as) atraentes, viagens para lugares interessantes, comidas especiais, conforto etc. O dinheiro é um meio, entre outros, para atingir esses "objetos"; não é um fim.

Tendo dinheiro, sem poder, alguns itens não serão acessíveis, por nenhum preço, como produtos ilegais, festas restritas e contatos com certas pessoas influentes. Tendo dinheiro, sem cultura, nem mesmo haverá criatividade para gastá-lo, pois não se conhecerá o rol de coisas que há para experimentar, e, em último caso, se experimentar sem conhecimento, terá menos prazer. Como exemplo, de nada adianta poder comprar em um leilão uma nova tela descoberta de Rembrandt, sem sensibilidade para usufruí-la.

A cultura é adquirida de forma autodidata, como vimos em todos os grandes filósofos, que não frequentaram universidades no modelo moderno. É um trabalho de auto aprimoramento que começa na infância, e vai, ao longo da vida, deixando a pessoa mais sensível, precisa, elegante, bela ao falar, capaz de contemplar, conhecedora das línguas, dos bons hábitos e das obras-primas da humanidade.

O título concedido por uma escola, ou universidade, não garante conhecimento, mas apenas, em alguns casos, uma aprovação em pré-seleção para um emprego mediano. E, no século XXI, cada vez mais é exigido o conhecimento em si para exercer uma profissão, ao invés de títulos, que perderam sua função com a proliferação de faculdades de baixa qualidade.

Quanto ao voto nas urnas, trata-se de ilusão vendida pelos políticos e pela mídia, segundo a qual o povo teria poder de decidir os rumos da nação. Tanto analisando individualmente, quanto coletivamente, votar é inútil, considerando que a grande questão é quais são as opções; controlando as alternativas, pode-se permitir a escolha aleatória.

O povo, portanto, não decide nada, pois, entre os políticos candidatos, qualquer um eleito atenderá aos anseios da elite que financia todo o processo, patrocinando simultaneamente todas as campanhas. Do ponto de vista individual, a situação só piora, pois o dito poder de votar numericamente tende a zero; em um país hipotético, com 200 milhões de habitantes, o voto de uma única pessoa representa 0,0000005 % do total. Ou seja, o tempo despendido pensando em quem votar, pesando os prós e contras, é plenamente irracional, considerando o impacto eleitoral. E nem estamos questionando aqui a honestidade na contagem dos votos, como alguns costumam fazer, usando bons argumentos.

Em resumo, a sugestão é focar em ter dinheiro de forma sustentável, ter poder através do relacionamento social e adquirir cultura de verdade. Após atingir esses 3 pontos, és um potencial membro da elite, dependendo agora apenas da visibilidade, ou tamanho, das suas atividades.

2.5 Magia e realidade

Magia e ciência são irmãs. Ambas buscam entender e, dentro do possível, submeter a natureza, para atendimento das demandas humanas. Portanto, haveria segredos escondidos no tecido da realidade, que podem ser revelados. A ciência utiliza o caminho puramente materialista, insistindo na coleta de dados rigorosa e na estatística para extrair "leis" da natureza. A magia, por sua vez, utiliza uma abordagem que mescla matéria e espírito para, através da intuição pura, desvelar os mistérios do universo.

Não se trata em ambos os casos, magia e ciência, de uma busca descompromissada. Utilizam as suas descobertas para que o ser humano possa ter maior poder tanto sobre a natureza, quanto sobre os outros seres humanos. A ciência fornece insumos para, juntamente com outros conhecimentos, criar tecnologias que possibilitem feitos inéditos ao homem, tanto para o bem, como na área de saúde, quanto para destruir, no caso de armamento militar. A magia, por sua vez, permite, em seu viés branco, ou da mão direita, curar espiritualmente pessoas, bem como, em seu viés negro, ou da mão esquerda, dominar e controlar mentalmente pessoas.

Um dos pressupostos da magia é que o que chamamos realidade é algo profundamente subjetivo, ou seja, um acordo da vontade coletiva de diversos espíritos, convencionando chamar cada coisa pelo seu nome e dar uma sensação de normalidade a determinadas ações e objetos. Mesmo a chamada matéria, como os estudiosos da física quântica mostraram no começo do séc. XX, possui grande indeterminação, nada tendo de concreto e sólido como se pensava até então. A percepção da realidade e a própria realidade se confundem, havendo uma linha tênue entre o que é, e o que parece que é.

Assim, é comum a ideia de que todo sucesso nesse mundo precisa ser, primeiramente, conquistado espiritualmente. É preciso projetar, no que chamam de plano astral, nível de realidade diretamente acima do nosso, as entidades que irão atuar no nosso mundo físico, de forma a nos beneficiar. E não só entidades, podendo também ser idealizadas experiências, pessoas, uma trajetória de vida etc. O mundo astral, vale informar, seria acessado, sem sabermos, sempre que imaginamos algo, ou quando sonhamos. Daí a sensação de ausência desse mundo, quando imaginamos, ou quando estamos sonhando; a consciência, normalmente atrelada ao corpo material, nesses momentos se perceberia como parte também de um corpo astral.

Esse tipo de ideia, normalmente alvo de descrença e deboche pela população em geral, é levada a sério por magos e por pessoas pertencentes à alta hierarquia social, que irão primeiramente criar um sistema de controle mental, antes de começar o controle físico da população; esta mesma população descrente da influência espiritual. A propaganda é uma das vertentes desse sistema; há muitas outras ferramentas. A própria moeda, cuja credibilidade adiciona valor a pedaços de papel, tem muito desse encanto. Muitos querem dinheiro sem saber o que é dinheiro, e querem poder sem saber o como realmente exercê-lo. A magia nos dará ambas as respostas.

É indispensável, portanto, ao se discutir os caminhos do poder e do dinheiro, como esta obra se propõe, ter a noção do que é magia, pois, como dito, muitos dos bilionários e da nobreza da nossa época, bem como de épocas anteriores, tinham grande interesse por esse tema, e até mesmo praticavam magia. A título de exemplo, a rainha Elizabeth I (1533-1603) tinha um famoso bruxo como conselheiro particular: John Dee. Este, além de profundos conhecimentos de magia, dominava, como era comum aos intelectuais antigos, todas as áreas de conhecimento humano, como matemática, filosofia, astronomia, navegação etc, além de atuar na inteligência britânica.

Da mesma forma, Isaac Newton, talvez o cientista mais famoso de todos os tempos, dominava também, além de física, matemática e astronomia, disciplinas como alquimia, teologia e magia. Jack Parsons, criador dos foguetes a jato, e precursor da NASA, também foi um bruxo, ligado à O.T.O., fundada, entre outros, por Aleister Crowley. Este inspirou também as grandes bandas de rock do séc. XX, como os Beatles. Os exemplos de intercâmbio de homens ricos e poderosos com magia e esoterismo são inúmeros, quase uma constante histórica, não cabendo ser exaustivo.

A conclusão é que se deve ter muita responsabilidade ao pensar, da mesma forma que temos cuidado ao manusear substâncias inflamáveis em um laboratório. Pensar é muito mais do que algo cerebral, e a qualidade dessa atividade pode ser determinante em tudo na vida de um indivíduo. Nem mesmo há oposição entre pensar e agir, afinal as duas coisas sempre estão acontecendo ao mesmo tempo, em esferas diferentes; uma reforça, ou atrapalha, a outra. Não é possível não agir, podendo-se, é verdade, agir de forma inconsciente ou ineficaz. Da mesma forma, não é possível não pensar, como demonstram os enormes esforços dos iogues na prática da meditação, para esvaziar a mente por alguns segundos.

Toda pessoa é um bruxo em potencial, afinal toda pessoa pensa e age, em busca dos seus objetivos, que é o que os bruxos tentam fazer com consciência, excelência e potência. E, mesmo considerando rituais "irracionais", todos os realizam na forma de hábitos e superstições, com a diferença de alguns poucos os concretizarem com disciplina e empenho.

2.6 Descobrindo tendências

Existem o fato e a tendência. É preciso separar. A tendência é sutil e de difícil percepção, ainda que esteja evidente. O fato é um apanhado isolado de dados, sendo uma constatação sem aplicação, caso entregue sem uma interpretação.

Como nos ensina a sabedoria antiga chinesa, "todo fenômeno é no começo um germe, depois termina por se tornar uma realidade que todo mundo pode constatar. O sábio pensa no longo prazo. Eis por que ele presta muita atenção aos germes. A maioria dos homens tem a visão curta. Espera que o problema se torne evidente, para só então atacá-lo." Disso se tratam as tendências, germes.

E, alguém pode perguntar, como saber o que um germe, ou uma semente, se tornará? Conhecendo os padrões universais. Há formas constantes humanas em todas as culturas, em todas as épocas, como, por exemplo, a ideia de que alguém saudável é mais atraente fisicamente, ou que a escassez de um produto muito consumido fará subir seu preço. Vendo uma "pequena" coisa ocorrer, e sabendo as leis pelas quais tudo se transforma, ou como funciona a sociedade, se podem deduzir as tendências.

Se, por exemplo, um governo, emissor de uma determinada moeda, começa a "imprimir" pequenas quantidades de dinheiro, sem lastro na produção ou em algum metal, sendo essa emissão constante, pode-se concluir que teremos inflação futuramente. Assim, sabendo a intenção do governo de imprimir dinheiro, e observando que, de fato, ele faz isso, ainda que em pequenas doses, assumimos a tendência inflacionária, posicionando, em seguida, nossos ativos financeiros.

Ao observar os pequenos eventos em busca de tendências, é importante verificar se são temporários ou permanentes. Se for feito uma única vez, e não haverá retorno, não será tendência. Se ocorrer uma vez, e há inércia, um círculo vicioso, ou intenção manifesta de continuar, ou ampliar, pode ser uma tendência. É preciso ter cuidado de, ao catalogar algo como isolado, verificar se não há diversas pessoas e empresas fazendo a mesma coisa, sem saber que os outros também fazem.

Vejamos 3 grandes tendências já observadas para o século XXI: digitalização, otimização e transumanismo. Vale lembrar que descobrir, ou mesmo criar, novas tendências são uma grande vantagem competitiva no mercado. As 3 a seguir são apenas exemplos consensuais.

A digitalização de todos os aspectos da vida humana é inegável. Notas virtuais substituem cadernos físicos, e-books substituem livros em papel, comandos em aplicativos substituem pedidos presenciais de produtos e serviços, conversas digitadas substituem conversas faladas, cliques em perfis virtuais, e respectivas fotos, substituem abordagens pessoais com interesse sexual etc. Um dos aspectos da digitalização é virtualizar tudo, ou seja, deixar tudo imune ao tempo, caso de conversas ou fotos que nunca sumirão da internet, impedindo o esquecimento do passado, muitas vezes de forma indesejada pelas pessoas.

A questão da digitalização implica a padronização extrema de algo. Uma foto digitalizada, ao ser copiada, é ainda ela mesma; possui infinita reprodutibilidade. O digital se opõe ao analógico e ao presencial. O analógico foi o primeiro passo, caso em que uma fotocopiadora reproduz um documento, com pequenas deformações imperceptíveis, ou no caso do vinil, impresso um a um, a partir da fôrma original. No fim da linha, há o presencial, que é impossível de ser reproduzido, sendo uma experiência única.

No caso de um show de música, o presencial é estar lá no dia do show, fisicamente. O analógico é gravar o show com um celular, sendo que cada indivíduo presente fez sua própria gravação, cada uma diferente da outra. Seria ainda analógico tentar reproduzir "fielmente" o show com sua própria banda. O digital é o DVD do show, que alguém que não foi pode comprar, sendo, cada execução do DVD, não apenas semelhante, mas idêntica à anterior, como se o show se auto reproduzisse infinitamente.

A otimização é a maior racionalização da vida humana, através da tentativa de eliminar intermediários, tempo de transição, tempo de execução e a própria noção do acaso. Alguns poderiam criticar a exclusão do acaso, pois é através dele que temos muitos insights inesperados e experiências divertidas, mas o sistema se encaminha em sentido contrário realmente, ou seja, para a "frieza" racional.

Se a pessoa tem um costume de pedir pizza sabor muzzarella, serão sugeridas, através de anúncios, sempre pizzas sabor muzzarella para ele, que nunca irá "errar" comendo outro sabor por engano. Se o indivíduo gosta dos Beatles, serão oferecidas, em toda parte, promoções de camisetas dos Beatles, boxes dos Beatles, livros dos Beatles, pois é o mais racional a se fazer.

Aplicativos famosos como Uber, Tinder e iFood usam essa lógica da otimização. No caso do Uber, você terá o carro mais próximo, do jeito que você gosta, com o valor que você pode pagar, ciente de onde você quer ir. No Tinder, pessoas, normalmente homens e mulheres, terão encontros amorosos com alguém que atende exatamente à sua preferência, esta confirmada em fotos e no perfil escrito, sem grande chance de uma surpresa. No iFood, para pedir comida delivery, o aplicativo não impõe nada, você terá exatamente o que quer comer, do jeito que quer, com o preço previamente informado.

Transumanismo é a fusão entre homem e máquina, sendo uma decorrência do evolucionismo ateu. Se não há Deus, nem alma imortal, cabe ao próprio homem resolver a questão da redução do sofrimento, do aumento da capacidade física e intelectual através da tecnologia e do auto-aperfeiçoamento induzido. Nossos órgãos poderiam ser substituídos por órgãos artificiais, nosso cérebro teria a possibilidade de ser ampliado, compartilhado ou transferido a outro corpo, nossas memórias poderiam ser salvas em um HD externo e a solução da morte, ou do envelhecimento, viria pelas vias do avanço da medicina, robótica, congelamento ou transferência de alma, dentre outros meios a serem criados.

Essa tendência tem se difundido em todos os setores, desde empresas de tecnologia, em especial no Vale do Silício, como a Google, até filmes, artigos, literatura, pesquisas, etc. Por exemplo, o desenvolvimento de *smartphones*, por empresas como a Apple, criou uma dependência tão profunda entre os homens e os pequenos computadores de bolso que nos tornamos ciborgues, afinal sem seus aparelhos a quase totalidade das pessoas se tornaria disfuncional. Recentemente, em outro exemplo, a Hanson Robotics, situada em Hong Kong, lançou a robô Sophia (14/02/2016), a qual, com a aparência humana e capacidade de conversar, ganhou, em 2017, cidadania da Arábia Saudita.

Há certa obsessão em superar a privacidade cerebral, ou mental, que as pessoas parecem desfrutar. Fala-se de traduzir pensamentos e memórias em bits, de forma a conectar todos os cérebros. Passaríamos da *World Wide Web* para o *World Wide Brain*. No futuro, a própria subsistência dependerá de inserção em um sistema transumanista. Para receber e fazer pagamentos, utilizar veículos, acessar o transporte público, fazer sexo, se comunicar e trabalhar será necessário estar conectado e ter instalado em seu corpo os diversos dispositivos que serão criados. Muito disso já ocorre.

2.7.1 Cultura, política, economia e finanças

Um grande vício nas análises é considerar o aspecto econômico, ou financeiro, como isolados. Em outras épocas, um pensador precisava dominar todo um espectro de disciplinas para entender o mundo. Um exemplo: na Idade Média, o aprendizado das chamadas artes liberais envolvia o *Trivium* (Lógica, Gramática e Retórica) e o *Quadrivium* (aritmética, música, geometria e astronomia), inspirado pelo ideal greco-romano clássico. Figuras como Aristóteles (385-323 a.C) e muitos outros, em exemplo correlato, dominavam geometria, matemática, lógica, biologia, política, literatura, física etc.

A modernidade, em especial o séc. XX, inaugurou a figura do especialista, como bem demonstrado por Ortega y Gasset, em *A Rebelião das Massas* (1929). O acúmulo de conhecimentos, as novas ciências criadas, a segmentação da sociedade, a divisão do trabalho e demais aspectos deram o substrato para a criação do especialista, que é a estranha situação de alguém inepto para compreensão de toda a realidade, exceto por um pequeno fragmento dela, que conhece em suas minúcias. Como exemplo, temos advogados, funcionários públicos, professores, médicos, engenheiros, englobando quase todas as funções da sociedade, aos quais a mídia insiste em solicitar a opinião sobre toda sorte de assuntos. Por fim, quem é responsável pela análise econômica, regra geral, é alguém que estudou apenas economia.

Portanto, constata-se que é impossível entender qualquer aspecto da realidade plenamente, sem entender os demais. No caso da economia e das finanças, é evidente que, sem observar o que ocorre nas esferas cultural e política, tudo parecerá acaso e mistério. As taxas de juros sobem e descem como que movidas por forças internas, os gastos governamentais aumentam subitamente, um ramo econômico desaparece, e o economista especialista se torna contador, apenas anotando tudo e gerando índices, sem qualquer interpretação.

Vejamos um resumo sobre os 4 conceitos.

A cultura é o fundo dos acontecimentos, a mitologia. Alguns pontos de importância: qual o substrato metafísico-filosófico de uma sociedade, qual a sua religião dominante, quais os hábitos comuns da população, quais as expectativas, quais os gostos das pessoas, que tipo de comida comem, quais datas comemoram etc. No mundo ocidental, temos, mesmo no séc. XXI, forte presença do pensamento iluminista do séc. XVIII, o resquício da moral cristã, um princípio de penetração islâmica, padrão de gosto que segue a arte norte-americana, o liberalismo inglês dominando a teoria econômica, temos o marxismo como modelo de análise histórica, dentre outras variáveis culturais a serem compiladas e consideradas.

Em seguida vem a política, como expressão administrativa-ideológica dessa cultura. Alguns pontos: qual o corpo legislativo, quais os princípios constitucionais, qual o regime político, quais os principais lobbies que atuam no país, quais as grandes famílias que emplacam carreiras políticas, o que pensam os administradores, que ideias circulam, qual é precisamente a hierarquia do poder político naquele determinado local, quais as redes de contatos, qual o fluxo do dinheiro entre financiamentos de campanha e apoiadores, quais as trocas lícitas e ilícitas que ocorrem etc. No Brasil, a título de exemplo, o regime é republicano, democrático, há lobbies de servidores públicos, sindicatos, igrejas, bancos, empresas agrícolas, influência de ONGs internacionais etc.

A economia é gerada por dois lados, que conflitam e atingem um ponto ótimo de convivência. A cultura, por um lado, cria a economia em si mesma, as trocas voluntárias dos cidadãos, cada um ofertando produtos ou mão-de-obra, e consumindo uma cesta de itens que compõem sua subsistência e lazer. Esse processo resulta no preço, que é uma relação entre oferta e demanda de cada item econômico da sociedade. O Estado, em outra ponta, interfere na economia, tanto através de leis e tributos, quanto da política monetária, causando distorções nos preços e problemas na alocação de recursos, tudo em troca de uma suposta segurança pública, tanto interna, quanto contra agentes externos, da manutenção de um sistema judiciário e da promoção de grandes obras de infraestrutura.

As finanças são derivadas da economia. Lastreada no produto bruto de um país, há a impressão de moeda para funcionar como unidade de conta, reserva de valor e facilitador de trocas. Muitos agentes optam por utilizar a moeda em si mesma, sem referência econômica direta, apenas indireta, em diversas transações financeiras, ofertando serviços de guarda dos recursos, aplicação, empréstimo, operações no mercado de capitais, dessa forma criando um mercado paralelo à economia real, que se inter-relaciona com ela: o mercado financeiro. O Estado também pode distorcer esse segundo mercado, através do monopólio de impressão de moeda, consequente estabelecimento da taxa básica de juros, controle de moeda estrangeira, além, naturalmente, do uso expressamente político dessas ferramentas.

Apenas considerando os 4 aspectos acima, se pode entender desde fatos específicos, ocorrências econômicas, até estabelecer um panorama geral.

2.7.2 Economia e Finanças

Como visto no tópico anterior, Economia e Finanças são disciplinas relacionadas; há uma simbiose entre elas. A Economia representa o conjunto das trocas voluntárias em uma sociedade, e a criação de valor, desde as matérias-primas até os produtos finais. A partir do sistema econômico, que é físico, tangível, um sistema de representação, atribuindo números e direitos a cada item físico, é criado. Este mundo paralelo, ou virtual, são as Finanças.

As Finanças retroalimentam o sistema econômico, tanto provendo o capital de giro para as empresas operarem, quanto, através de empréstimos, viabilizando certos empreendimentos e compras. O mercado financeiro é, no entanto, capaz de distorcer a economia real, pois pode financiar, de forma irracional, setores da economia que não seriam alavancados naturalmente.

O mais saudável é que a Economia domine as Finanças, pois a Economia tem fundamento na escassez e trabalha com quantidades finitas. As Finanças podem gerar valores infinitos em computadores e base de dados, levando, em seu limite de expansão, à inviabilização da moeda, inflação e ao endividamento externo de um país.

A inflação, a título de exemplo, é um regresso civilizacional, pois destrói o sistema de preços, este feito de forma orgânica e coletiva ao longo de muitos anos. Daí a necessidade, por parte da liderança de uma nação, de conter o mercado financeiro, ou, ao menos, deixá-lo operando, de forma descentralizada, com base na pura oferta e demanda de moeda lastreada. Dessa forma, a Economia, boa medida do sucesso de um povo, pode prosperar.

2.7.3 Economia e Filosofia

A Economia enquanto ciência, que é diferente da Economia enquanto "objeto", seria, em certo sentido, um ramo da filosofia. A ciência econômica busca entender, de forma apriorística, ou seja, com base na pura razão, como a ação humana se articula diante da escassez. A Economia é, de outra forma, "objeto", quando representa o conjunto das trocas voluntárias geradoras de valor, medidas em uma sociedade.

A ciência econômica se distingue, assim, da econometria. Econometria, a título didático, é a compilação de dados econômicos, após tratamento estatístico, em um modelo matemático. Em resumo, a ciência econômica cuida do que é a base conceitual (*a priori*), enquanto a econometria examina o que é observado e medido (*a posteriori*). Sendo rigoroso, pode-se, portanto, dizer que a Economia é um ramo da Filosofia, e a Econometria um ramo da Ciência.

A Economia é capaz de dizer que o socialismo não é sustentável, sem qualquer medição. É também capaz de prever que as pessoas irão poupar mais, se o governo tributar menos. Ou que o aumento da taxa de juros básica impactará no custo de oportunidade das empresas. Mas não pode prever o volume de vendas de um determinado produto, ou se as pessoas irão investir mais na bolsa de valores, no próximo ano. Para estas últimas questões, entra em ação a Econometria, projetando estatisticamente certos desdobramentos econômicos.

O estudo da ação humana, ou praxeologia, próprio da Economia, foi desenvolvido plenamente pela Escola Austríaca de Economia, desde Carl Menger (1840-1921). Desvinculando-se do liberalismo clássico, o foco no indivíduo, em obras como *Ação Humana* (1949), de Ludwig von Mises (1881-1973), permitiram uma compreensão mais ampla e acurada acerca do capitalismo. A refutação técnica do comunismo, bem como a previsão de bolhas e ciclos econômicos, foram algumas das conquistas desse movimento intelectual.

2.7.4 Informática e Finanças

O conceito de algoritmo une a Informática e as Finanças. Tanto o operador de tecnologia da informação, quanto o agente do mercado financeiro, buscam consolidar certas regras e respostas que permitam, diante de um conjunto esperado de dados, apresentar o mesmo rol de soluções. Formata-se um modelo lógico-matemático com o objetivo de, na Informática, um software fornecer certas ferramentas e produtos possíveis, e, nas Finanças, otimizar a posição de uma carteira, comprando e vendendo imediatamente certos produtos, ou acionando opções de compra e venda.

A Informática e as Finanças compartilham o mesmo *background* lógico. Daí ser comum a utilização massiva de computadores no mercado financeiro. No futuro, o desenvolvimento da inteligência artificial, meta algoritmo próximo de uma inteligência humana, aproximará ainda mais essas duas áreas. Sendo possível que um investidor tenha um avatar virtual que corresponda exatamente à sua tolerância a risco, ao seu patrimônio e à sua posição relativa no mercado, da mesma forma que o computador contra o qual jogamos xadrez, esse avatar realizará todas as operações diárias e o acompanhamento do mercado.

O avanço da tecnologia é mais rápido nas Finanças do que na Economia, pois a Economia é complexa, possui múltiplas variáveis e diferentes *inputs* e *outputs*, o que torna sua tecnologia mais gradual e difícil. No entanto, nas Finanças, dado seu aspecto já, na origem, virtual, permite-se uma rapidez e simplicidade maior. Essa é a razão da maior eficiência do mercado financeiro, em relação à economia real, e da cada vez maior lucratividade das instituições financeiras, em comparação com as margens restritas da indústria.

A passagem entre o mundo virtual da Informática ou das Finanças para o mundo real da Economia nem sempre é exata, sendo mais uma analogia do que uma identidade. Por exemplo, valores registrados na contabilidade em sua forma numérica exata, como o preço de uma máquina, enfrentam discrepâncias ao tentar vender essa mesma máquina no mundo real, compatibilizando depreciação, demanda de compra e flutuações de preços. A passagem inversa, do real para o virtual, apresenta, da mesma forma, problemas no espelhamento, como. por exemplo, ao localizar uma reserva mineral, tentar registrar no sistema de informação esse ativo. É que o real apresenta entropia, localização no espaço e impureza, sendo integrado a toda a natureza, enquanto o virtual é isolado, não-localizável no espaço e imune ao tempo, em uma estranha combinação de poucas variáveis e memória infinita.

2.7.5 Trabalho e Percepção de Valor

Diz-se, em um primeiro momento, que trabalho é a criação de valor causada intencionalmente por um indivíduo. Ou seja, se uma pedra adquirir raridade e valor sem ser achada ou talhada, não é trabalho. Da mesma forma, se alguém, por acidente, cair em cima de uma fruta e abri-la, não é trabalho, ou se alguém intencionalmente destruir um carro. É preciso deliberadamente se colocar em ação, e manipular a matéria-prima de forma a torná-la mais valiosa após a energia humana aplicada, do que antes. Como exemplo extremo, Michelangelo Buonarroti que, com seu cinzel, transformou o mármore bruto na escultura David, mundialmente admirada.

Valor econômico é diferente de valor em si mesmo. Um trabalhador pode ter habilidades secretas incríveis, mas se estas não impactam suas ações ou não são percebidas pelos demais, são irrelevantes. Daí o dever, como divino agradecimento, de sempre utilizar o talento, a quem o tem. Se se canta bem, é preciso cantar. Se tiver facilidade com matemática, colocar-se em áreas associadas. Se for um líder, liderar. Da mesma forma que as pessoas, a matéria-prima, as máquinas, precisam ser utilizadas em geração de valor, para terem presença na Economia. Se uma empresa adquire um software excelente, mas o subutiliza, há perda de valor potencial na empresa. Da mesma forma, se a empresa tem pessoas empregadas dando menos resultado do que poderiam.

A percepção de valor, ao final, é o próprio valor. Um valor não percebido é um valor probabilístico, virtual, não é um valor real. Pode ser importante como potência, ou compor o subconsciente de alguém, no caso de valor do trabalho, mas nunca se comprovará sua realidade, nunca se contestará sua fraude, se não aparecer para o mundo, em especial o mundo social. A ideia de uma empresa não impactará a economia, e sim a realização da empresa, nem, como dito, o talento secreto de alguém; nem mesmo um modelo de negócios ainda não testado.

Dentro desse princípio, a propaganda, atividade essencial desenvolvida no séc. XX, tenta confundir a todos para auferir lucros "não devidos". É, em resumo, algo imoral, mas legalizado. Muitos profissionais do marketing, publicidade e propaganda tentarão vender o que não possuem, levantar preços de forma não devida, colocar como escasso algo abundante, ou como valioso algo sem valor, e, no caso de algo com valor real, crescer este aos olhos do cliente consumidor. A linha entre propaganda, percepção e realidade é muito tênue, em todos os aspectos da vida contemporânea, em especial na Economia.

Ao final, concorde-se ou não, o preço é pago pelo valor percebido, e não pelo valor real, tanto em relação ao trabalho, a um produto ou mesmo a uma ideia. Uma Economia ajustada conseguirá, na maioria das vezes, aproximar os dois valores. A concorrência e o livre mercado, bem como a livre circulação de informação, ajudarão nessa tarefa.

2.7.6 O que seria insustentável em Economia

Insustentável em Economia é toda ideia ou proposta que apresente desonestidade intelectual, como por exemplo: a) possua contradições lógicas internas, baseando-se mais na emoção do que na razão b) dolosamente baseada em dados falsos, sendo fachada de interesses escusos c) a experiência histórica de aplicações de ideias semelhantes, ainda que com outros nomes, mostra sua ineficácia a longo prazo.

Dentre iniciativas que se possam dizer, com justiça, insustentáveis, muitas haverá que são acolhidas por intelectuais, economistas heterodoxos e jornalistas como dignas não só de defesa, como de imposição obrigatória por governos. O próprio radicalismo na defesa de ideias insustentáveis é sintoma de sua fraqueza estrutural, sendo compensada com carga emotiva, coerção e divulgação falaciosa.

Do primeiro tipo mencionado temos o planejamento central econômico, utilizado, por exemplo, em sistemas socialistas. Dizer que o planejamento central trará mais progresso econômico do que a economia livre descentralizada não possui lógica. Pois, como demonstraram os economistas austríacos, o sistema de preços é fundado na descentralização.

Centralizar o estabelecimento de preços é tirar o significado intrínseco do preço, que representa a necessidade real do bem na sociedade, em termos de oferta e demanda, extraída das infinitas experiências dos incontáveis indivíduos. Ao estabelecer, por decreto, preços, tabelas de reajustes, câmbio, juros e outros tipos de preços, será criada uma grande confusão e má alocação de recursos, com desperdício e escassez simultaneamente, fazendo a sociedade regredir em bem estar. Os adeptos do planejamento central precisam fazer malabarismos retóricos para justificar tal ideia.

Do segundo e terceiro tipo há diversos exemplos, como as cotas nas universidades que não premiam necessariamente os melhores candidatos, os subsídios a setores da indústria que atrasam o país como um todo, as restrições ao comércio exterior sob pretexto de proteger a indústria nacional e a tributação regressiva que intensifica a desigualdade social. A raiz de todo mal em Economia, como disse Hayek, é a tentativa de acelerar o progresso, a impaciência com o processo natural das trocas, levando a criar atalhos que não se sustentam.

Outro problema, acrescento, é a falta de conhecimento acerca do sistema econômico, devido à aderência a ideologias dos mais diversos tipos, ou a pura ganância política, empobrecendo o pensamento crítico.

2.7.7 Tecnologia e Ciência

O senso comum costuma confundir tecnologia e ciência, tanto achando que se trata da mesma coisa, quanto que o avanço da tecnologia é a prova cabal da superioridade da ciência. Ao final, o povo, cada dia mais ateu, passou a adorar a tecnologia, como um milagre do seu novo deus: a ciência. Em realidade, é um fetiche de muitas pessoas, que sensualizam em torno desse "objeto" midiático, que eles confusamente chamam de ciência.

Tecnologia é um nome que agrega processos de muitas áreas diferentes, que em dado momento convergiram para um objetivo comum, consubstanciado no produto tecnológico. A tecnologia muitas vezes usa a ciência, mas pode usar também o método de tentativa e erro, ou a pura sorte, que não são ciência.

Equipes de recursos humanos variadas, normalmente coordenadas dentro de uma empresa ou instituição, põem-se a trabalhar em materiais intuitivamente selecionados. Então aplicam técnicas selecionadas muitas vezes por sorteio ou com base em doutrina do gosto do profissional; também escolhem materiais e testam muitas vezes, esperando chegar ao resultado que buscam. É comum que uma "teoria" errada leve ao resultado desejado, pouco importando a "verdade" do processo. O método, o meio, não importam, e sim o produto. O foco é criar algo útil e vendável, que recupere o investimento gasto. A equipe de marketing que apresenta o produto não quer reconhecimento, e sim valorizar a empresa no mercado. O produto tecnológico é definitivo e incontestável.

Ciência é exatamente o contrário. Um cientista especializado, ou equipe, dentro de um campo restrito da realidade, testa pacientemente uma hipótese. Não há pressa na coleta de dados, nem se podem ultrapassar etapas. O meio é tão ou mais importante que o fim. Ciência é propriamente o método científico, uma maneira de estudar qualquer coisa com observação, critério e rigor, evitando saltar para conclusões ou afirmar sem evidências. Não é definitivamente um rol de verdades absolutas, mas um método.

O pesquisador se desvincula do resultado, podendo este ser uma surpresa para aquele. Repetirá tantas vezes quanto necessárias o experimento para atingir relevância estatística na sua coleta e poder publicar com segurança seu trabalho. O financiamento da ciência é, em tese, desinteressado e visa o progresso do conhecimento humano. Se há ego envolvido, não é normalmente no retorno financeiro, mas no status associado a uma descoberta relevante para o seu campo de estudos, que rende prestígio social ao cientista.

A teoria científica, no entanto, é precária e será sempre submetida a desconfiança e debates acerca da sua validade. Interesses obscuros de setores intervenientes, ou da elite acadêmica, podem tentar ocultar a discussão e o contraditório, mas estes funcionarão nos bastidores.

Há, é verdade, inter-relação entre tecnologia e ciência, como há entre filosofia e ciência, ou entre tecnologia e informática. Ciência pode gerar tecnologia, ou tecnologia pode gerar ciência. Descobertas aleatórias podem gerar, de imediato, tecnologia, mas não podem jamais gerar ciência; esta precisa digerir e escrutinizar qualquer achado, por um longo tempo antes de afirmar alguma "verdade".

Como exemplo de tecnologia temos o avião. Não houve fórmula do avião. Por tentativa e erro, após um longo tempo de ajustes contínuos, a ideia inicial dos irmãos Wright foi convergindo para o avião como conhecemos. Charles Goodyear, outro exemplo, em parte intencionalmente, em parte por acidente, descobriu o pneu de borracha para veículos; seu método certamente não foi científico, mas foi eficaz, como a tecnologia deve ser. Da mesma forma, o acaso favoreceu Alexander Fleming e sua penicilina, bem como Gregor Mendel, pai da genética. Mais recentemente Steve Jobs, gestor da Apple, era claramente interessado no resultado e na solução de problemas dos seus consumidores, o que fez florescer inúmeros inventos.

Ciência se encontra em figuras como Charles Darwin, Albert Einstein, Nikola Tesla, Werner Heisenberg, Max Planck, James Clerk Maxwell, Michael Faraday e Edward Wilson, dentre tantos outros. Certamente, alguns deles, como Tesla, gostavam de inventar, mas se percebe uma paixão, no bom sentido, pelo objeto de estudo, o individualismo próprio do pesquisador, o valor dado tanto ao método quanto ao resultado, e a proposta desinteressada de hipóteses e teorias, ou seja, trabalhar sem visar a utilidade. Buscava-se antes à compreensão da realidade do que a criação de produtos vendáveis, ainda que estes eventualmente surgissem.

2.7.8 Ciclos econômicos

Historicamente, sempre se observou a alternância entre momentos de alta e de baixa econômica em países e regiões da Terra. Na Idade Média, por exemplo, a Europa tinha baixa atividade, enquanto o Oriente Médio praticava mais comércio. Entre os séculos XV e XVI, Portugal e Espanha tiveram grande destaque, acumulando conquistas e ouro. Depois se tornaram nações secundárias, sendo substituídos pela Inglaterra imperial do séc. XVIII e XIX, até então irrelevante. É a alternância natural de potências, o fluxo do dinheiro, ocorrendo tanto com países quanto com empresas.

Uma crise normal é a tomada de conhecimento, pelo mercado, de diversas inconsistências nos preços, levando a reavaliações sistêmicas das condições econômicas. Esse rápido reajuste é traumático, levando grande número de pessoas a perdem recursos, por não terem antevisto a crise, ou não terem tido tempo de preparação. Deixar a crise fluir sem intervenção significa curar gradualmente a economia que, após a correção, terá a chance de se erguer novamente. Um caso famoso, a primeira bolha especulativa registrada, foi a Crise das Tulipas, nos Países Baixos, onde tulipas chegaram a valer mais que casas; a bolha estourou em 1637, levando à falência milhares de holandeses.

Com a modernidade, e o papel cada vez maior desempenhado pelo Estado e pelo sistema financeiro, muitas vezes em conjunto, surgem as crises artificiais, que historicamente compõem ciclos econômicos. Havendo um monopólio de emissão de moeda, por parte dos bancos privados ou centrais, surge a figura da política monetária, ou seja, o uso da "emissão" de moeda e liberação de crédito para manipular o mercado. A intenção declarada é boa, qual seja impulsionar o emprego e o crescimento econômico.

De início, o governo tenderá a ser inflacionário. É que a inflação é, de fato, um imposto, pois quando o banco central imprime dinheiro, os primeiros que têm acesso a esse dinheiro o utilizam com valor maior de saída. Quando esse dinheiro impresso chega à outra ponta, o povo, a moeda já foi desvalorizada pela inflação. Ou seja, o cidadão que pegou dinheiro desvalorizado cedeu parte do valor da sua renda para aquele que primeiro utilizou a moeda recém "impressa", normalmente o próprio Estado.

De todas as formas de tributar, a inflação é a menos impopular, pois passa despercebida, e também a menos burocrática, pois os impostos ordinários precisam de um trâmite legislativo e exposição à sociedade. A inflação é divulgada propositalmente como algo misterioso, que faz subir todos os preços, camuflando seu aspecto fiscal.

Esse processo inflacionário do governo, ao longo dos anos, além do aumento dos preços, baixará as taxas de juros, incentivará a concessão de crédito e fará aumentar o consumo, o que resulta em popularidade política. No entanto, em dado momento, o mercado perceberá a bolha formada, os preços inflados, e reavaliará em cascata todos os ativos. Baixando o nível preços no reajuste, virá à tona a má alocação de recursos, gerando desemprego. O aumento das taxas juros pelo banco central desencadeará o *crash*.

Para manter a popularidade, e sem paciência para o retorno natural dos níveis de emprego, o governo injetará mais moeda impressa no meio da crise, "melhorando" provisoriamente a situação, fazendo reduzir os protestos, mas ao mesmo tempo iniciando novamente o círculo vicioso, criando um crescimento artificial da demanda e nova crise futura, *ad infinitum*. A título de exemplo, o New Deal americano, de 1933, em sua tentativa de corrigir a depressão iniciada pela Crise de 1929, é precisamente a aposta que iniciou a crise, sendo dobrada. Criou-se o mito de que o New Deal ajudou a economia americana a se recuperar, quando ocorreu o oposto.

É comum, entre operadores do mercado, esperar ciclos econômicos de 10 anos aproximadamente. Certamente, o prazo pode ser maior que 10 anos, sendo este apenas um valor de referência.

Assim, haveria uma recessão periódica, com crescimento no período intermediário, contados do monopólio de impressão de moeda pelo Estado ou bancos centrais. Nos EUA, por exemplo, a contagem começa em 1913, ano de criação do Federal Reserve (FED); quem emite o dólar, no entanto, tem certas vantagens, pois pode escoar sua moeda como uma commodity para todo o mundo, sem prejudicar imediatamente sua economia, caso dos EUA.

Vale lembrar que tanto alguns marxistas quanto alguns liberais admitem ciclos econômicos. Os primeiros atribuem à dialética própria do capitalismo, que transforma um *boom* em um declínio, e vice-versa. Os segundos ressaltam os efeitos nocivos das ações governamentais em termos de emissão de moeda e política de crédito.

2.7.9 Níveis da Informação

Informação é um signo, um pacote de símbolos, descrições e imagens que representariam, supostamente, um evento real. É a linguagem padronizada de comunicação de fatos, dados e novidades, entre seres humanos. Como não podemos estar presentes em toda parte, precisamos nos comunicar com outras pessoas de locais distantes e em posições diferentes, para trocar conhecimentos. Informação de valor é aquela que impacta na tomada de decisões importantes na sua vida.

Deve-se hierarquizar as informações recebidas, de acordo com o grau de confiança e de desinteresse da fonte. Quanto maiores estas qualidades, mais poderemos incorporar aquelas em nossa visão de mundo.

Em primeiro lugar temos aquilo que checamos pessoalmente. Fomos ao local, vimos com nossos olhos, tocamos, cheiramos, conversamos com as testemunhas diretamente, fomos à biblioteca e lemos as fontes escritas primárias etc. Naturalmente, ver com próprios olhos a coisa é diferente de ver uma imagem da coisa, mesmo amadora. Precisamos que o evento sensibilize nossa retina diretamente, que a luz seja refletida pelo objeto e venha sem filtros aos nossos olhos; vale ressaltar esse ponto, pois muitas pessoas creem que ver a imagem na TV de algo que ocorreu é ver o fato em si, e não a imagem, o que é incorreto.

Em seguida, temos aquilo que nos é repassado diretamente por pessoas de confiança ao nosso redor, sendo que elas viram diretamente o que ocorreu, ou souberam de outra fonte muito próxima confiável para elas. Entrariam nessa categoria: familiares, cônjuges, amigos e colegas de trabalho. Ter uma rede de contatos confiáveis é fundamental para ser bem sucedido, tanto em termos de dinheiro quanto de poder.

Na terceira posição viriam pessoas com as quais nos identificamos, que pensam parecido conosco e não parecem estar vinculados a algum interesse externo. Autores de livros, bloggers, youtubers e colunistas, por exemplo, poderiam, se atendidas as condições mencionadas, serem usados como fonte de informação. Os produtos dessas pessoas também podem ser citados, como os livros em si.

Em quarto lugar, temos a imprensa, TV, a academia, os informes políticos e sites grandes, dentre outros propagadores da narrativa oficial. É preciso muito cuidado aqui, e saber garimpar dados, cruzar informações, detectar inconsistências, checar mídias menores e de outros países. Apenas ao final extrair, com ressalvas, o que supostamente ocorreu. O principal agravante, especialmente em notícias internacionais, é que poucas fontes, como Bloomberg, Associated Press e Reuters , distribuem a pauta para jornais regionais de boa parte dos países.

Como exemplo da centralização da *mainstream media*, o que prejudica sua credibilidade, temos que, em 1983, 90% da mídia americana era controlada por 50 empresas, e, em 2011, apenas 6 empresas controlavam essa fatia de 90%: GE, News-Corp, Disney, Viacom, Time Warner e CBS. Em outra leitura, 232 executivos de mídia controlavam a informação repassada a 277 milhões de americanos. A centralização só aumenta, com as fusões frequentes. O Google participa também do controle, liderando isolado como site de pesquisas, possuindo também o Youtube, maior hospedeiro de vídeos do mundo. A *mainstream media* serve para entender o que todos pensam, nos permitindo balizar os movimentos de manada da população.

Ao final, as melhores informações são as privilegiadas, não publicadas e orais. E quanto mais antiga a informação, se ainda for útil, melhor também, devido à menor centralização no passado.

2.7.10 O que é o Mercado

Mercado é o ambiente virtual onde ocorrem todas as trocas voluntárias de uma sociedade. Por virtual, não se deve entender algo distante do mundo real, ou relacionado a informática. Mesmo antes dos computadores, o mercado era virtual. Isto significa que, apesar de receber *inputs* da realidade concreta temporal, funciona de forma independente, em uma velocidade maior, com ajustes quase instantâneos e em um modelo mais simplificado do que o mundo, onde as coisas são representadas apenas pelo seu aspecto econômico, configurando uma abstração, ou seja, é extraído um aspecto de cada item e generalizado. Por exemplo, um violão pode criar arte, sons bonitos, mas para o mercado é apenas a sua descrição em termos de medidas, seu proprietário e seu valor monetário.

As forças que moldam o mercado são a concorrência, a obsolescência e a inovação. Quanto mais competição, melhor para o consumidor, pois os preços tendem a cair, a qualidade sobe, a variedade de opções aumenta e o dinamismo também cresce, tornando a resposta a ameaças externas mais eficiente. Obsolescência e inovação são outras faces da mesma competição.

Há um jogo constante em que ganhadores e perdedores alternam seus postos. Muitas vítimas são deixadas para trás, enquanto novos produtos, tendências e modas surgem, arrastando um novo grupo de empresas para cima. Os marxistas entendem que esse processo prejudica um número grande de pessoas, merecendo ser contido pelo Estado, enquanto os liberais preferem que o jogo continue livremente, pois o benefício, na média, sempre seria maior. Os conservadores, em outra vertente, concordam com os marxistas em conter o mercado, mas preferem que essa intervenção seja privada, por igrejas, líderes comunitários e uma moralidade bem estabelecida.

Outro corte do mercado é a relação risco e retorno. São inversamente proporcionais, ou seja, quanto maior o risco, menor o retorno médio, e quanto menor o risco, maior o retorno médio. No entanto, quanto maior o risco, mais chance pontual de um retorno excepcionalmente alto, e maiores as exigências de garantias dos *players*, normalmente refletidas em juros mais altos. Isso vale tanto para pessoas e empresas, que consideram esses dois fatores em cada movimento que fazem, quanto para o mercado como um todo.

Portanto, se o risco do país ou risco sistêmico do mercado for alto, devido a regulações confusas, burocracia estatal, intervencionismo político, política monetária populista, ambiente com desastres naturais frequentes, insegurança pública ou outro problema crônico, o desempenho que compense esse risco terá que ser maior, exigindo mais das empresas e afastando novos entrantes, reduzindo os benefícios do mercado para a população.

Risco maior implica também taxa de juros básica da economia maior, aumentando o custo de oportunidades das empresas, que não entrarão em negócios com baixas taxas de retorno, preferindo investir no mercado financeiro, não gerando, assim, valor para o país, resultando também em um desenvolvimento econômico menor no longo prazo.

Para que os benefícios do mercado sejam usufruídos pela população é preciso: baixa intervenção governamental, abertura comercial, aumento progressivo da produtividade e incentivo à inovação. O aumento da população também ajuda, criando demanda crescente para produtos e serviços.

2.7.11 Tipos de Moeda

Da mesma forma que o mercado, a moeda também é virtual. Em alguns casos possui um suporte físico, pedaço de papel "carimbado" pelo governo, ou em outros momentos é apenas um conjunto de números em uma conta bancária, a título de saldo. Curiosamente, ao depositar o valor no banco, as pessoas esquecem que emprestaram, de certa forma, ao banco, que supostamente as pagará de volta, quando desejarem sacar o dinheiro.

Há um motivo de existir moeda. O escambo, a alternativa, é muito trabalhoso e em certos casos adiaria ou inviabilizaria certos projetos. A moeda serve como unidade de conta, meio de troca e reserva de valor. Assim, as transações podem ser precisas, pois passam a operar em nível matemático, que admite divisões infinitas. As trocas se tornam imediatas, pois todos aceitam o mesmo padrão de notas. E, por fim, torna-se possível guardar valor ocupando um espaço bem menor, pois uma pequena nota dobrável pode valer o equivalente a um armazém inteiro.

O problema é que para a moeda funcionar bem ela precisaria ser escassa. O governo, que assumiu compulsoriamente esse papel emissor, tem incentivo natural a imprimir dinheiro, afetando essa escassez. Com o avanço da transparência governamental perante o público, a impressão passou a ser feita de forma mais sutil, e nunca com o nome expresso "impressão de dinheiro", mas sendo basicamente isso.

A conclusão é que devemos confiar na moeda fiduciária, emitida pelo governo, na mesma medida em que confiamos nesse governo. Se o Estado começa a adotar o populismo, que é mais propenso a adotar medidas de efeito emocional e eleitoreiro, é recomendável abandonar ao máximo a moeda oficial e adotar outros itens como reserva de valor: ouro, prata, commodities, imóveis, terra, criptomoedas etc. O que estes itens alternativos têm em comum é que são escassos por natureza, daí a maior segurança em possuí-los. Pode ser adquirida também moeda estrangeira, se o país que a emitir for sério e correto em suas finanças públicas.

3. Aceitar a realidade

Aceitar a realidade é, antes de tudo, um exercício de humildade. É perceber a própria pequenez diante do universo, como ao olhar o céu estrelado à noite. Ao mesmo tempo, acordar, e perceber as coisas como são, possibilitará certa independência, pois, com o cenário real em mente, poderá planejar melhor e obter maiores conquistas profissionais.

Aquele que, por outro lado, nega a realidade e prefere viver em um mundo de fantasias e delírios, ao final ficará em lugar nenhum, nem em um conto de fadas, nem no mundo real, perdido no limbo das suas certezas e das suas neuroses. Perderá sempre, sem saber por que, atribuindo suas falhas ao acaso e se vitimizando, quando o culpado será justamente ele mesmo, ao optar por não olhar o mundo de frente.

Sobre isto, todos mentem. Todos dirão "eu aceito a realidade". Como medir a verdade desta afirmação?

A solução é, em primeiro lugar, verificar a capacidade de prever o futuro, pois quem vê, prevê. Outra maneira, em segundo lugar, é observar se a pessoa consegue empreender com sucesso, o que apenas alguém que aceite a realidade conseguirá. Em terceiro lugar, quem encara o mundo sofre e supera o sofrimento. Alguém histericamente "feliz" é o oposto: inseguro e triste.

Trabalhar não é como vemos no desenho *Branca de Neve e os Sete Anões*, ou seja, algo divertido e recompensador. Trabalhar é morrer. Se você gosta do que faz, no entanto, não é trabalho. Pode-se afirmar que ninguém gosta de realizar uma atividade específica todo dia, por anos, da mesma forma e com a mesma intensidade. Ninguém gosta de um despertador tocando de manhã.

Da mesma forma, as empresas e corporações não são "mágicas" como a *Duncan Toy's Chest*, do filme *Home Alone*. Envolvem grandes responsabilidades, estresse, cobranças e toda sorte de problemas a serem resolvidos.

Grandes empresários, mesmo os bilionários, não podem relaxar. Seus telefones tocam a todo instante, não podendo ser atendidos por suas secretárias. São demandadas decisões estratégicas a cada hora.

E, quem acha que a vida de criminosos é mais fácil, se engana. O mundo do crime é altamente competitivo. É preciso, além de se manter vivo a cada dia, se superar, expandir, conquistar novos mercados, sob riscos os mais diversos.

Aceitar a realidade exige esforço, vontade de aprender e desprendimento. É uma jornada que nunca se cumpre plenamente.

Aceitar a realidade exige esforço, vontade de aprender e desprendimento. É uma jornada que nunca se cumpre plenamente.

3.1 Como funciona o trabalho

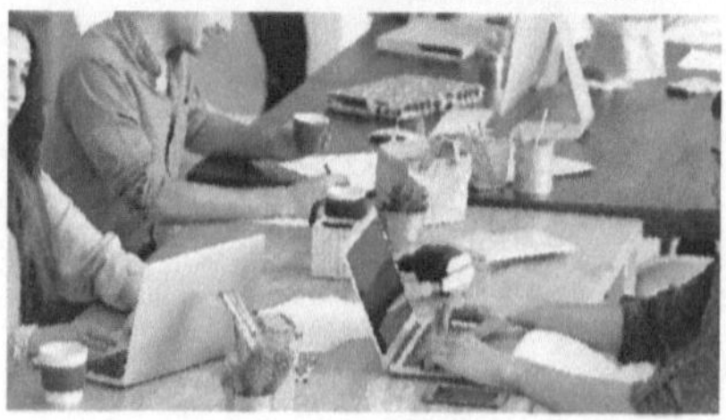

O conceito de trabalho foi apropriado pela Economia, mas é possível pensar também em termos sociológicos ou filosóficos. Aqui adotaremos a forma mais ampla, o que permite incluir servidores públicos, por exemplo, como trabalhadores, pois, apesar de não gerarem valor econômico, auxiliam o funcionamento do Estado.

Ainda, excluiremos jornalistas e professores universitários da categoria de trabalhadores, incluindo-os mais à frente como tecnocratas, pois, apesar de movimentarem recursos financeiros, não geram valor econômico direto, em sua atividade essencial.

Há, vale lembrar, diversos tipos de "valores" a serem usufruidos. Há o valor emocional de um aperto de mãos, o valor espiritual do conselho de um mestre religioso, há o valor pessoal de, por exemplo, comer pipoca e assistir um filme com seu parceiro, mas tratamos aqui do valor econômico, que é passagem de um estágio de menor potencial econômico-financeiro para um superior, caso de um carro em que é instalado um novo tipo de motor, agora mais eficiente.

Trabalho é a venda de horas pelas pessoas, a serem utilizadas na criação de valor econômico. Estas horas vendidas podem ser usadas por empresas, pelo Estado e demais entidades, para agregar valor aos seus produtos e serviços. Por outro lado, o trabalhador pode vender diretamente suas horas e ser autônomo, artesão ou prestador de serviço.

Ser autônomo permite uma liberdade maior para o trabalhador. Sem o intermediário, e decorrentes "comissões", o indivíduo tende a negociar melhor suas horas e ser mais bem remunerado. É que quem conhece melhor suas qualidades e potenciais é ele mesmo, podendo articular de forma mais eficaz seu tempo.

Quanto mais demandas atender, quanto mais complexas forem estas demandas atendidas, quanto mais valor agregar à matéria-prima, quanto mais oportunistas forem seus contratos com empresas e organizações, mais o trabalhador ganha por hora trabalhada. E, ainda, quanto menos desperdício, quanto mais habilidade acerca da tarefa, quanto mais conhecimento acerca da matéria-prima, menos "depreciação" o trabalhador tem, ou seja, menos desgaste, e, como consequência, mais trabalho ele realiza.

Algumas dessas características, como agregar valor e transformar a matéria-prima, são compartilhadas por empresas e corporações, mas com a diferença de que o trabalhador não tem escalabilidade, algo que as empresas, por exemplo, possuem. Escalabilidade é a possibilidade de auferir lucros infinitos, ao menos em tese. Um trabalhador, como um médico, tem um número de finito de horas a vender, não podendo, assim, extrapolar seu rendimento além do lastro vital: seu corpo.

Quanto mais alavancagem, mais dinheiro um ente tem possibilidade de conseguir. Os bancos, que possuem alavancagem máxima, dessa forma, são as organizações mais ricas, enquanto os trabalhadores, com alavancagem mínima, são, inversamente, os menos ricos. Em um meio termo, temos as empresas comuns, naturalmente mais ricas que os trabalhadores, e menos ricas que os bancos.

A escravidão causou, segundo o consenso da sociedade, diversos males e traumas ao longo da história milenar da humanidade. Porém, a escravidão é também trabalho, em sua forma mais brutal.

Como consequência dos direitos humanos iluministas e talvez por expor de forma mais clara a natureza do trabalho, foi tornada ilegal, sendo reformulada como emprego ou trabalho assalariado, recolocando os mesmos ex-escravos, ao lado dos demais trabalhadores já atuantes, no mercado. Vejamos algumas semelhanças.

O escravo e o trabalhador, na maioria dos casos, passam a maior parte do tempo na "empresa". O escravo recebe comida e abrigo, enquanto o trabalhador comum recebe o suficiente apenas para comprar comida e morar em algum local precário. A falta de condições para se educar e os constantes abusos morais são outra semelhança.

Uma linha tênue separa o trabalhador comum moderno do escravo antigo. Para as empresas, foi racional a abolição da escravidão, ficando mais barata e substituível a mão-de-obra, além de reduzir certos custos de "manutenção" da equipe. Para a sociedade, serviu como uma ampliação do consumo, impulsionando o crescimento econômico.

O que significa, afinal ser um trabalhador? Significa que esta pessoa não possui poupança suficiente, ou recursos herdados, para comprar meios de produção e empreender. Ou, ainda, que esta pessoa não possui influência (*networking*) para entrar na política, grandes corporações ou ONGs.

É a posição residual de sobrevivência, quando as outras não foram possíveis. Resta o corpo, que todos têm. Estando saudável, e tendo a mínima capacidade cognitiva, busca-se desempenhar alguma tarefa que permita uma contrapartida salarial em vista da sobrevivência.

Em épocas passadas, os nobres e aristocratas trabalhavam o mínimo. O status era (e continua sendo) ter diversas rendas passivas, empresas subsidiadas pelo governo e amigos políticos, de forma a gastar o tempo estudando, frequentando clubes de cavalheiros e usufruindo os bons momentos da vida.

Se há uma vantagem em ser trabalhador, é o descompromisso. Não recebe muito, mas não dá muito. Apenas o trabalhador assalariado pode tirar férias, descansar no domingo e dormir tranquilo, sem as preocupações de um alto executivo ou de um patriarca. Estando insatisfeito com a empresa, pode simplesmente pedir demissão, sem se importar com o impacto disso para os negócios do seu chefe.

O funcionamento do mercado de trabalho, por fim, é simples e conhecido de todos. Considerando as origens de alguém, sua estrutura familiar, suas conexões, sua aparência física, seu conhecimento e sua trajetória na vida, esta pessoa irá buscar uma determinada formação profissional e procurar emprego na área. Poderá participar de seleções em empresas privadas, realizar inscrição em concursos públicos ou atuar de forma autônoma.

Tecnocracia é o nome moderno dado à classe de influenciadores sociais e especialistas oficiais, posicionados, muitas vezes organicamente, em pontos chaves da estrutura socio-cultural. Esta categoria profissional entrega algo intangível: princípios, diretrizes, o imaginário e o pano de fundo mitológico de um povo. Ao adentrar o Estado, corporações ou ONGs, os tecnocratas passaram a ter poder de polícia também, criando indiretamente legislações nos vários países.

Há muito material sobre essa questão, tanto em sociologia, quanto história e filosofia. Além de doutrinas expressamente tecnocráticas como o positivismo do séc. XIX, obras artísticas, como Admirável Mundo Novo (1932), de Aldous Huxley, permitiram imaginar como seria uma sociedade plenamente tecnocrática, racional e científica.

Do ponto de vista histórico, tivemos, no Ocidente cristão, o clero, do qual faziam parte diáconos, padres, bispos e estudiosos, responsáveis pela teologia, considerada, à época, a fonte de onde emanavam as leis, a filosofia e a ciência. Entre os celtas, em outro exemplo, mais antigo, havia os druidas, que também faziam esse papel de aconselhamento, ensino, orientação jurídica, filosófica e condução de rituais.

Com o tempo, ao final da idade média, tivemos o florescimento de clubes privados, como a Maçonaria e a Ordem Rosacruz, que atuavam nos bastidores da política, ditando tendências. No mundo pós iluminista, surgiram figuras novas, somando-se às anteriores, como líderes sindicais, jornalistas, intelectuais, artistas e cientistas.

O mundo contemporâneo, séc. XX e XXI, reforçou ainda mais o papel de destaque do cientista e ampliou as categorias de burocratas que atuam também como coordenadores sociais. Com a internet, a partir da década de 1980, surgiram os influenciadores digitais, atuantes em sites, plataformas de vídeos e redes sociais, o que vem substituindo as vozes da televisão, dominantes desde os anos 1950.

O fundamento da tecnocracia é que o povo, mesmo ignorante, gosta de consumir, ao lado de itens básicos, como comida, também notícias, saber o que está "acontecendo", as fofocas da política, até mesmo ler uma revista, quiçá um livro, para as pessoas um pouco mais letradas. Na classe média, quase inteira "educada", o consumo de televisão, revistas, jornais e demais itens oriundos da tecnocracia, ocupa boa parte do chamado tempo livre. Esses produtos culturais são as portas de entrada para as almas dessas pessoas, de outra forma inacessíveis.

Enquanto o trabalhador atua no mundo material, o tecnocrata atua no mundo "espiritual". Por isso, o tecnocrata não é um trabalhador, afinal não transforma a matéria, nem agrega valor em uma cadeia produtiva. Pode servir ao Estado, mas não há essa necessidade.

Se agir de forma ética, um influenciador irá tornar as pessoas melhores, mais responsáveis, mais produtivas e conscientes. Se agir por interesses obscuros, irá capturar "corações e mentes" para o controle mental, servindo grandes corporações, governos e demais figuras poderosas. Há sempre essa dualidade em um personagem da tecnocracia.

Um grande filósofo, cientista, artista ou místico, por definição, não são desejados nem pelo povo, que não os entende, nem pela elite, que não consegue controlá-los. Daí o gênio ser, mesmo no mundo moderno, desprezado por todos.

Após a morte, é que esta figura se torna mais influente, porque os intelectuais oficiais poderão "interpretar" e fazer a curadoria da sua obra de forma segura, tanto traduzindo de forma mais simplificada para o povo, quanto retirando o destaque das partes "polêmicas", para agradar a elite. Todo grande filósofo, cientista, artista ou místico, é póstumo. Caso típico é o de Friedrich Nietzsche (1844-1900), gênio alemão, eclipsado em sua época, em seguida, após a sua morte, divulgado de forma controlada e "interpretada".

Sendo, ao contrário, pensadores ou artistas intermediários, digeríveis, um tanto medíocres, podem ser aproveitados pelo sistema político ou econômico, para propaganda de ideias ou venda de produtos, respectivamente. É preciso ter apelo popular, até mesmo no jeito de falar e se vestir, para atingir o povo.

Algo inteligente demais é pouco interessante em termos de negócios, afinal há poucas pessoas inteligentes para consumir material de alta qualidade. A mensagem precisa ser amplificada ao máximo, e com certa qualidade mínima. Com esse critério, é feita a seleção para ver quem será a voz da sua geração, a sensação musical, o filósofo sedutor da mídia, o poeta "rebelde" etc.

Certamente não é uma conspiração total, pois os envolvidos, em sua maioria, agem naturalmente, seguindo seus próprios interesses. A manipulação é só na fase de divulgação, financiamento e concessão de oportunidades maiores.

Façamos um resumo. O ponto inicial do caminho tecnocrático é ter um talento. É preciso, por exemplo, saber cantar, ou ser um ótimo compositor, ou escrever bem, ou ser carismático, ter boa oratória, ou ter um currículo reconhecido e prova social do seu conhecimento.

A partir disso, constrói-se uma figura de autoridade, cuja simples fala, ainda que sem evidências, terá repercussão popular, apelo midiático e, muitas vezes, impacto político. A construção da autoridade é um trabalho longo. Envolve a participação em seminários, projetos com visibilidade da imprensa, rede de contatos com pessoas do meio, colunas semanais e muitas outras formas de garantir presença na vida da população. Estar, enfim, onipresente, na capa da revista, no programa de rádio, na livraria, em evento nas Nações Unidas, no camarote do desfile de escolas de samba etc.

Cada ponto da vida da figura tecnocrática deve ser interessante, para fisgar as pessoas. Sua dieta é especial, criada por um nutricionista famoso, seus amigos são famosos, ao mesmo tempo tem uma casa minimalista, prega o desapego etc. São apenas exemplos.

Esse tipo de influenciador é que mais gera impacto. Entram nessa categoria artistas, desde escritores, atores e diretores, que sempre são chamados a opinar, conduzindo seus fãs, e, mesmo os que não são fãs, precisam considerar seus comentários como relevantes. Também teríamos intelectuais, palestrantes, gurus, líderes religiosos etc.

Os tecnocratas burocratas seriam a exceção ao dito anteriormente. Como têm a possibilidade de usar a caneta "mágica" do governo, com monopólio da violência que é característico do Estado, para implementarem suas agendas, não precisam investir em propaganda como os outros; basta cultivarem uma rede sólida de contatos que os indique a cargos relevantes em organizações multilaterais, ONGs, ministérios, universidades e fundações.

Vale lembrar, para todos na tecnocracia, é necessário estar alinhado com a narrativa oficial, bem como com a ideologia dominante, que eles mesmos ajudaram a criar. É possível, até recomendável, criticar publicamente algumas coisas, mas, sendo a exceção que confirma a regra, retornar em seguida ao porto seguro da hiper-realidade midiática, onde o dinheiro e o poder estão.

Como o mundo contemporâneo caminha na direção do ateísmo, as figuras tecnocráticas são os novos "deuses", a ditarem o certo e o errado, o bom e o ruim. Muitos "atores" se confundem com o personagem, diante de tal assédio e exposição.

3.3 Como funciona a empresa

A empresa, da mesma forma que o trabalhador, pode ser ou uma transformadora de matérias-primas, ou uma solucionadora de problemas. A diferença é que é um ente coletivo, tendo necessariamente que ter mais de uma pessoa, para que seja considerada uma empresa. Até mesmo o patrimônio da empresa é distinto do patrimônio dos sócios, configurando a chamada pessoa jurídica, diferente das pessoas físicas, ou seja, dos sócios individuais que a constituíram.

Ser uma transformadora de matérias-primas significa captar itens de menor valor intrínseco individual (*inputs*), em seguida trabalhá-los e moldá-los de forma a direcionar à sociedade itens de maior valor (*outputs*). Operando na pura transformação, pode, além de coletar a matéria-prima bruta, receber itens parcialmente processados de outras indústrias anteriores na cadeia produtiva, melhorar estes itens, agregando valor, e repassá-los adiante para indústrias à frente na cadeia produtiva, estas novamente realizando processos e agregando mais valor.

No final da cadeia, temos os atacadistas, que reúnem e organizam os produtos finais, repassando-os aos varejistas que, através da capilarização, podem entregá-los aos consumidores. Estes os destruirão, imediatamente ou gradualmente, na utilização ou no desfrute do bem. Exemplos de transformadoras: petrolíferas e laboratórios farmacêuticos.

Ser uma solucionadora de problemas significa, por sua vez, de forma semelhante ao processamento de matérias-primas acima mencionado, captar problemas dos clientes que procuram as empresas (*inputs*), em seguida trabalhar sobre os problemas, de forma a devolver soluções (*outputs*). É a atividade típica das empresas prestadoras de serviços, como, por exemplo, agências de publicidade, construtoras e serviços terceirizados de limpeza.

Ser um ente coletivo significa, através da divisão do trabalho, segmentar todas as tarefas que um único trabalhador faria em um tempo maior e com menor qualidade, tornando-as diversas tarefas, realizadas, cada uma, por especialistas profissionais. A especialização aumenta a eficiência, a rapidez e a qualidade no cumprimento da tarefa.

Outra vantagem da coletividade é que cada funcionário da empresa é substituível. Enquanto um trabalhador isolado, caso fique doente, perderá a sua renda, em uma empresa, o mesmo funcionário doente seria retirado para que se recuperasse, enquanto outro igualmente capacitado assumiria sua tarefa.

O fluxo de trabalho de todos é semelhante ao de uma colmeia ou de um formigueiro. Na colmeia, há a abelha rainha, as abelhas operárias, soldados etc. A rainha representaria o comando central. A função, na empresa, correspondente ao cérebro de uma pessoa, é a gerência ou corpo de consultores estratégicos que darão o direcionamento geral aos funcionários. Estes deverão seguir, sinergicamente, para o mesmo objetivo organizacional.

Uma parte dos lucros da empresa é reinvestido na própria empresa, que se torna mais forte e estável a cada reinvestimento. Com o sucesso no empreendimento, colchões de liquidez são criados, diversificações em termos de produtos, franquias e expansão territorial vão sendo incorporados.

O investimento contínuo em propaganda, ao longo dos anos, aliado ao atendimento das necessidades da comunidade ao seu redor, tornam relevante a empresa, para além dos lucros. Esta relevância é, como tudo, reaproveitada em um novo ciclo de propaganda, que impacta nas vendas e na fidelidade dos clientes.

Outro aspecto é a criação de uma cultura organizacional sustentável, um programa de valorização de talentos, de forma a tornar o ambiente da empresa mais produtivo e colaborativo. Essa valorização dos recursos humanos, da mesma forma que a propaganda, reverte em mais lucros. E mesmo talentos de outras empresas podem ser atraídos e retirados dos concorrentes, gerando duplo benefício.

O mercado onde qualquer empresa opera é instável e apresenta diversos riscos. Certamente, nos países desenvolvidos a instabilidade e o risco sistêmico são menores, mas mesmo assim continuam presentes.

É preciso que os administradores estejam a todo instante monitorando o mercado, reconhecendo as forças da empresa, suas fraquezas, seus principais concorrentes, o ambiente político, a legislação que a afeta, a saúde financeira, o capital de giro, o grau de investimento, as oportunidades do mercado que eventualmente surjam, os mecanismos de proteção, os novos entrantes no atual mercado, as barreiras existentes para expansão em novos mercados, o processo de obsolescência dos seus produtos e muitos outros fatores.

O descuido em apenas um desses fatores, pode significar a falência da empresa. Por outro lado, o correto monitoramento, seguido de ações precisas, pode significar o oposto, a consolidação do negócio.

A empresa pode ser considerada, afinal, um meta-trabalhador, ou seja, um super trabalhador com muitos braços, muitas pernas, muitos cérebros, mais dinheiro e muitas ferramentas. Ganha, em relação ao trabalhador individual, em escalabilidade, ou seja, a capacidade de expandir infinitamente, e em eficiência, por poder manter o foco em muito mais coisas simultaneamente.

3.4 Como funciona o investimento

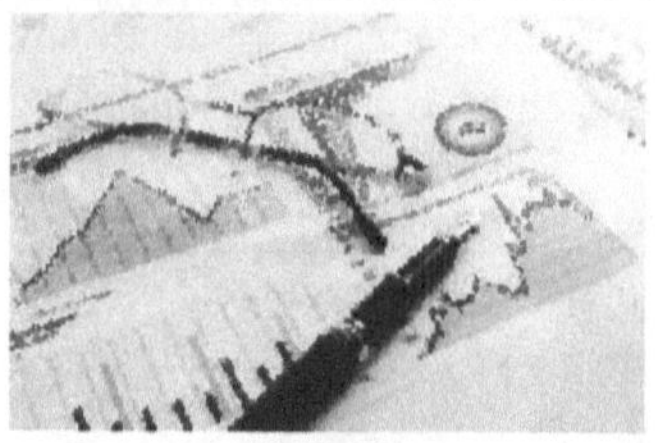

Na categoria intitulada investimento, considero apenas as aplicações no mercado financeiro. Este se subdivide, principalmente, nos seguintes mercados: monetário, crédito, capitais, cambial, renda fixa, títulos públicos, opções e swaps.

A função própria do mercado financeiro, em uma sociedade saudável, é complementar a atividade empresarial e o trabalho, disponibilizando recursos para empreendedores e trabalhadores. Cria alternativas para proteger a moeda, poder participar em empresas de capital aberto e mecanismos que permitam poupar em períodos de abundância, para sacar em períodos de baixa atividade.

O investimento, contrapondo o empreendimento, criaria, assim, uma harmonia social, consolidando o livre mercado e a prosperidade. Através do intermediário, estudado mais adiante nessa obra, o capital excedente dos investidores é repassado para quem necessita de capital adicional, ou seja, empresários tomadores de empréstimos, mediante o pagamento de juros. Juros são a expressão financeira do tempo, ao lado da compensação dos diversos riscos.

Para entrar na área de investimentos, é preciso já possuir recursos financeiros, seja através de uma empresa rentável, de um emprego, de uma herança ou dos resultados de investimentos anteriores. Quem não possui recursos, nem mesmo, regra geral, conseguirá um empréstimo simples.

Investimento não é, dessa forma, a porta de entrada na atividade econômica, necessitando de um movimento anterior. Mesmo considerando um país, ou o crescimento de uma nação, o mercado financeiro sempre surgirá depois, quando já há atividade econômica ocorrendo. Ele virá para sofisticar a economia de um país e torná-la mais ajustada.

Enquanto a economia real cria valor, sempre comportando mais riqueza e produtividade, o mercado financeiro é de soma zero, ou seja, o dinheiro que uma ou mais pessoas perdem, corresponde ao dinheiro que uma ou mais pessoas ganham, e vice-versa. O volume do mercado financeiro, não havendo novos aportes, permanecerá constante.

E, não havendo lastro na atividade econômica, ou havendo redução da confiança nas instituições reguladoras, o mercado financeiro tenderá a se extinguir. Da mesma forma, o inverso, ou seja, se for ampliada a atividade econômica, e aumentada a confiança nas instituições reguladoras, o mercado financeiro tenderá a aumentar em participação e volume negociado. As finanças representam, grosso modo, o curto prazo, enquanto a economia real representa o longo prazo, não obstante muitos intelectuais tentarem defender o contrário.

Outro aspecto é que quanto maior taxa de juros de referência da economia, no Brasil a taxa SELIC, mais presença do mercado financeiro e menor atividade na economia real, e vice-versa.

Isso ocorre porque a alta taxa de juros é consequência de um ambiente arriscado, hostil a negócios, e causa, devido ao *trade off*, desincentivo a empreendimentos com taxas de retorno menor que a taxa de juros.

Por exemplo, se a taxa de juros básica da economia for, hipoteticamente, 10%, qualquer negócio com taxa de retorno abaixo de 10% não será realizado, sendo preferível aplicar o valor. Isso explica por que países subdesenvolvidos tem boa parte dos seus talentos trabalhando com finanças e pouca atividade de desenvolvimento de novas tecnologias e produtos, os quais são importados.

Vejamos do que trata cada uma das subdivisões do mercado financeiro. Vale, claro, a ressalva de que muitos contratos e instrumentos mesclam características desses segmentos.

Mercado monetário lida com a liquidez, em especial no sistema interbancário, e com as taxas de juros, sendo estas as principais referências. O Banco Central é o elemento central desse mercado, ao lado do Tesouro Nacional, determinando, através da política monetária, qual o volume de moeda em circulação e a que custo.

O mercado de crédito, por sua vez, pretende suprir as necessidades de caixa das empresas e pessoas físicas, disponibilizando operações de curto e médio prazo. São exemplos: desconto bancário de títulos, crédito direto ao consumidor e o crédito consignado.

Mercado de capitais representa uma ligação direta entre agentes econômicos que necessitam de recursos e os poupadores que podem disponibilizar estes recursos. A bolsa de valores é o ambiente mais comum em que esse mercado se estabelece, sendo a venda e compra de ações os tipos de operações mais comuns.

Mercado cambial é aquele em que se compram e vendem moedas estrangeiras, havendo constante conversão entre moeda nacional e moeda estrangeira, de acordo com as flutuações das taxas de câmbio. Agentes atuantes nesse mercado são os governos, que procuram interferir na valorização ou desvalorização da moeda nacional, e as empresas que operam no mercado exterior, importando ou exportando, em busca de proteção e para viabilizar negócios.

O mercado de renda fixa é de grande utilização pelos *players* do mercado financeiro, em suas composições de carteira. Títulos de renda fixa, oferecidos por instituições financeiras, definem, na emissão, diversas condições como prazo, remuneração, indexação, etc, permitindo que o investidor realize cálculos em termos de risco, *duration* e curva de juros, dentre outros índices.

Os títulos públicos são parte do mercado monetário, merecendo destaque especial, por serem considerados de baixo risco, e comporem grande parte das carteiras de investimentos do mercado. São uma maneira de o governo captar liquidez ou liberar liquidez, ao mesmo representando para o investidor uma forma de ter certa segurança e retornos relativamente estáveis.

As opções são o principal tipo de derivativo, operação que trabalha no mercado futuro, permitindo proteção (*hedge*), arbitragem e especulação. Realiza-se, em uma ponta, uma "aposta" de que determinado produto ou índice variará em determinada direção, enquanto a contraparte aposta no contrário. As opções são o direito de comprar, ou vender, no futuro, a determinado preço, determinado ativo, sendo pago um prêmio que sela a operação.

Nos swaps, também operações no mercado futuro, dois agentes trocam os fluxos futuros. Por exemplo, um agente garantirá ao outro qualquer prejuízo na variação negativa de determinada moeda estrangeira, mas lucrará em uma variação positiva, funcionando como um seguro financeiro.

3.5 Como funciona a intermediação

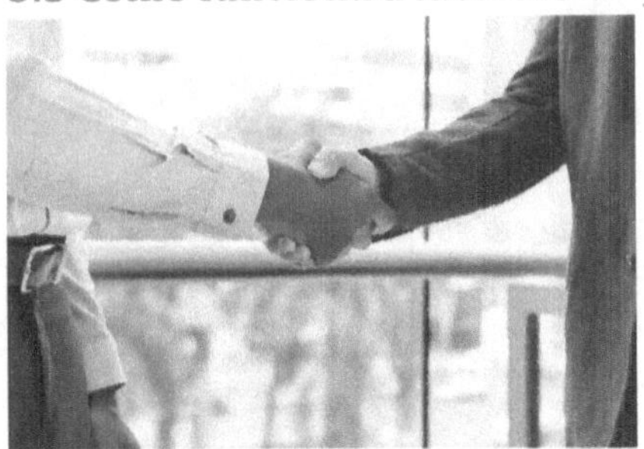

Intermediar é conectar dois pontos, sob pagamento de comissão. O comércio é um tipo de intermediação, ligando a indústria aos consumidores finais. No entanto, o exemplo mais típico de intermediador é a instituição financeira.

Entre o investidor e o empreendedor, temos a figura do intermediário financeiro. São os bancos, instituições financeiras, câmaras de compensação (*clearing houses*), dentre outras denominações similares. Sem esses intermediários, seria quase impossível que um determinado poupador conseguisse achar alguém específico para emprestar seu dinheiro excedente, nas condições desejadas, e, se encontrasse, teria pouca segurança para concretizar a operação.

A título de exemplo, os Cavaleiros Templários, precursores das instituições financeiras ocidentais contemporâneas, conduziam os peregrinos medievais ao Oriente e ofereciam o serviço de guarda dos seus valores, evitando que fossem roubados ao longo do caminho. Além disso, permitiam que cartas de crédito autenticadas por eles servissem como meio de pagamento e de saque em outras localidades.

A ideia é criar um ambiente seguro e impessoal, para que os poupadores e os tomadores de dinheiro possam, com tranquilidade, efetuar suas transações. Neste ambiente, podem ser abertas contas correntes, serem depositadas cauções, guardados valores pecuniários, tudo em vista da estabilidade, da redução do custo de carregamento e da transparência financeira.

O banco, figura central da intermediação, paga juros aos poupadores e investidores, e recebe juros daqueles a quem emprestou. A diferença entre juros pagos e juros recebidos é o chamado *spread*, um tipo de lucro. Há, paralelamente, outras receitas bancárias, como taxas administrativas e vendas de produtos, como seguros e cotas de consórcios imobiliários.

Os bancos, por sua natureza e influência histórica, possuem liberalidade para emprestar mais do que receberam, configurando a alavancagem. Dessa forma, ao inserirem mais dinheiro nas trocas econômicas da sociedade, do que receberam desta mesma sociedade, criam moeda, atuando como uma segunda casa da moeda. Esse processo recebe o nome de multiplicador bancário, atuando ao lado do multiplicador keynesiano, este refletindo a política fiscal.

Atuando, assim, de forma conjunta com os governos na política de crédito e monetária, o impacto dos bancos é enorme. São instituições com gestores não eleitos, que podem ter mais efeito macroeconômico do que o Ministério da Economia. O dono de um banco é tão relevante quanto o presidente da República, em especial considerando a grande concentração do mercado financeiro no século XXI, com poucos grandes bancos dominando de forma cartelizada.

Para garantir a conformidade das operações, o governo regulamenta o mercado bancário, em especial com a atuação do Banco Central, enquanto agência reguladora. O Banco Central, com gestão técnico-política, estabelecerá os limites de alavancagem, reterá compulsoriamente uma parte do valor depositado dos correntistas, criará regras gerais para a concessão de crédito e determinará o cumprimento das normas bancárias internacionais, como, por exemplo, os Acordos de Basileia.

Em muitos casos, o próprio governo atua como *player*, estendendo as funções do Banco Central, para além da mera supervisão e operacionalizando muitas funções antes privadas, ou mesmo criando bancos públicos ou de economia mista, caso, no Brasil, do Banco do Brasil e da Caixa Econômica Federal. Essa atuação do governo cria, naturalmente, distorções no mercado de crédito, na política monetária e na política fiscal.

O processo de abertura e legalização de um banco também é conduzido pelo Banco Central, sendo extremamente burocrático e custoso. É preciso, pelo menos, possuir um sistema de informática bem elaborado, uma grande reserva de dinheiro e certa influência política, para finalizar o processo.

Uma das tendências do séc. XXI, vale lembrar, é a redução dos intermediários, fazendo a tecnologia, em especial a inteligência artificial, o papel de intermediária das transações, como vimos em empresas como a Uber e a Amazon. Para sobreviverem, portanto, os bancos precisarão se reinventar, atuando, no futuro, mais como gestores de tecnologia do que como operadores financeiros tradicionais, processo este que já vem ocorrendo, com o fechamento de agências bancárias físicas e o uso cada dia maior de aplicativos e do autoatendimento digital.

3.6 Como funciona o Estado

O Estado, e seu respectivo governo (*govern-ment*), é uma dinâmica de controle mental de uma sociedade. Este modelo assumiu, nos últimos séculos, a forma moderna e sofisticada que podemos presenciar, com divisão entre os 3 poderes (legislativo, executivo e judiciário), republicanismo, direito positivo etc. Usamos aqui a expressão "Estado", no entanto, em sentido genérico, abarcando desde civilizações antigas até a era pós-Iluminismo.

A entidade real que dá substrato à abstração estatal é a o agrupamento de pessoas, as quais possuem similaridades territoriais, étnicas, linguísticas, monetárias e culturais. A nação representa este conjunto de valores e de pessoas, cercado por fronteiras que garantam sua soberania, propriedade e segurança.

Além de abstrato, o Estado é virtual, pois não está em lugar nenhum e está, ao mesmo tempo, em toda parte. A sociedade, ao contrário, é palpável e visualizável. Mesmo o direito positivo estatal, que se opõe ao direito natural, é pura fantasia: papéis riscados por políticos.

O Estado, em certo sentido, seria um "feitiço", uma crença generalizada nele mesmo, de forma a cria-lo na alma de todos. Se há algo de concreto no Estado, é máfia política enriquecendo a cada dia, os enormes prédios inacessíveis, a repressão e extorsão arbitrária da população.

A característica estatal por excelência é o monopólio da força. Para justificá-lo sem protestos por parte da população é elaborado todo um sistema teórico-jurídico, instituições e uma máquina de propaganda. O uso da letra maiúscula "E" em "Estado", como usada em "Deus", demonstra a pretensão gnóstica de substituir Deus, ou seja, o Estado como um grande pai justo, capaz de punir, ou, por outro lado, uma grande mãe benevolente e zelosa.

Além de Deus, através da igreja, outra instituição concorrente do Estado é a família, pois esta nos dá pai e mãe reais a serem obedecidos e respeitados, "atravessando" o governo. Previsível, portanto, o ataque à família tradicional, por parte do governo.

O primeiro esforço é o de esconder a verdade de que as pessoas não precisam do Estado, de que elas poderiam se defender de forma orgânica e regional, de que elas teriam grandes benefícios em trocas voluntárias e de que os políticos são apenas psicopatas oportunistas. Ao contrário, a doutrinação estatal ensinará a todos, em especial às crianças, que apenas o Estado garantirá a segurança, com sua força policial e militar centralizada, a redistribuição de renda, com seu sistema tributário draconiano e a participação política de todos, através de eleições e referendos.

Entretanto, mesmo com o monopólio jurídico da força, devido à inferioridade numérica dos seus homens armados em relação à população, não se deve usar a força, e sim o controle mental, de forma que todos façam espontaneamente e felizes a vontade estatal. Um artifício adicional é limitar a compra e venda de armas pelos cidadãos.

A ideia é a de uma fazenda humana. A população seria o gado obediente e os políticos os fazendeiros pastores. Da mesma forma que outros animais, como uma vaca, não são sempre abatidos, e sim mantidos vivos, sempre dando leite e filhotes, a população humana, aos olhos da elite, deve ser alimentada e treinada para realizar determinadas funções. A contrapartida da população é ofertar trabalho para manter a economia ativa, tributos para abastecer os cofres "públicos" e filhos para servirem o exército, servindo como peões em guerras.

Podemos ilustrar o início do Estado ao imaginar uma comunidade isolada nas montanhas, onde cada membro assumisse, naturalmente, funções, de acordo com seus talentos, e as trocas voluntárias permitissem que um pequeno mercado se consolidasse. Lideranças orgânicas, ou seja, figuras que seriam respeitadas pela maioria, exerceriam a pequena atividade política.

Tomando o exemplo desta comunidade imaginária, imaginemos que uma milícia armada surgisse, vindo de uma região longínqua, e rendesse os líderes comunitários, assumindo o controle das pessoas e recursos, deixando todos na condição de reféns. A partir de então, segundo as regras da gangue, todas as atividades econômicas realizadas no local deveriam ser cadastradas, a posse de armas seria proibida, e, ainda, recolhidas taxas de 50% sobre os montantes das transações financeiras.

De início, os membros mais fortes do grupo dominado iriam reagir e formar uma resistência ao invasor. Mas, com o passar do tempo, os bandidos tentariam conquistar a simpatia da população concedendo benesses, utilizando representantes bonitos e retóricos, organizando suas regras em leis escritas e sendo supostamente transparentes sobre o uso do montante de valores referente às taxas, as quais, em parte, retornariam para a comunidade como obras ou "doações".

Indo além, poderia ser teatralizado um processo eleitoral, em que membros variados da gangue poderiam ser escolhidos pela população para gerir as finanças "públicas". Dessa forma, todos se acalmariam, pois se sentiriam parte do sistema de poder.

Um sistema educacional centralizado, aliado à máquina de propaganda, fariam o papel de adocicar a existência do Estado, como passaria a ser chamada a milícia original. Ganhando uma formatação "séria", a ideia de pessoas "do bem" que centralizam recursos, armas e poder, para ajudar a todos, se tornaria plausível.

O Estado moderno republicano e democrático responde, em especial, às seguintes questões: 1) Como roubar alguém continuamente a longo prazo? 2) Como minimizar a reação ao roubo? 3) O modelo ideal de escravidão humana seria fazer os escravos não se perceberem como tais?

4) Como substituir a religião enquanto organizadora da moral e do sentido? 5) Como racionalizar a gestão da população por parte da elite?

Muitos filósofos, no entanto, como G. W. F. Hegel, justificaram o Estado como ápice da humanidade. Seria a estrutura para a qual a "evolução" da sociedade, de forma dialética, se encaminharia. Outros, como Max Weber, viram na burocracia a realização plena da racionalidade humana.

3.7 Como funciona a corporação

As corporações são uma mistura das instâncias anteriores: tem algo de investidoras, algo de empreendedoras, algo de intermediadoras, algo de estatais, além de congregar tecnocratas e trabalhadores diversos. Em realidade, transcendem as categorias que já vimos. Seriam meta-empresas, meta-investidores, meta-Estados etc. Trata-se de um ser multiforme, flexível, expansionista e agressivo.

A corporação funciona como meta-empresa, ou meta-capitalista segundo alguns, porque, em seu início, começou como empresa comum, lutando com a concorrência e estabelecendo boas práticas de gestão. Ocorre que seu produto, com o tempo, não apenas superou os outros do mesmo ramo, mas teve aceitação massiva, determinando um estilo de viver.

É o caso de corporações como Coca-Cola, Apple, Ford e Standard Oil, que puderam definir os rumos alimentícios, de deslocamento, comunicação e fontes de energia da sociedade. Certamente a corporação se beneficia de circunstâncias políticas, culturais e econômicas favoráveis, aliadas ao talento de homens como, por exemplo, o magnata John D. Rockefeller (1839-1937), gênio estrategista por trás da Standard Oil e outros empreendimentos.

Uma vez grande, a tendência, feitas as alianças políticas necessárias e se posicionando de forma inteligente, é a corporação se tornar tentacular, multinacional e ramificada. Ser gigante implica que o governo não permitirá sua falência, como nos lembra a famosa expressão "grandes demais para quebrar" (*too big to fail*). Isto ocorreria supostamente para evitar o impacto econômico negativo e a perda de empregos, mas é uma medida sem sustentação teórica.

Nesse estágio, o risco será compensado pela garantia do governo, através de injeções de liquidez (*bail-outs*). Teremos, portanto, cada vez menos risco em empresas cada vez maiores.

A corporação, assim, se equipara a uma estatal, mas usufruindo apenas o lado positivo desse status, sem ter que suportar o controle político e as interferências comuns em estatais tradicionais. Em realidade, todo monopólio funciona como uma estatal, e toda corporação visa o monopólio. Sabemos que estatais, regra geral, apresentam baixa eficiência, influência política, abusos de preços e distorcem o mercado, o que não é diferente com corporações.

É plenamente cabível que uma empresa poderosa atrase todo o avanço tecnológico em determinado setor, em vista de manter sua liderança, como vimos, durante o séc. XX, no setor automotivo e na indústria farmacêutica. Nesta, por exemplo, a cura de doenças e os tratamentos baratos simplesmente não podem progredir, sendo ambos vistos como ameaças aos lucros. Em relação ao setor automotivo, em outro exemplo, Stanley Allen Meyer inventou um carro movido a água, que utilizaria o processo da eletrólise; morreu, de forma misteriosa, em 21/03/1998.

Além de ser uma estatal de fato, temos outros aspectos corporativos que aproximam as meta-empresas de meta-estados. Ao financiar campanhas eleitorais de candidatos dos mais diversos partidos, é possível manipular as decisões políticas e as leis a serem votadas e aprovadas. Certamente, estas leis realizarão um *feedback*, retroalimentando e reforçando o poder das corporações.

Se o Estado faz guerra, é, provavelmente, porque a indústria armamentista demandou isto. Se há uma campanha de vacinação estatal, há presença da indústria farmacêutica nas articulações de bastidores. Se obras de infraestrutura são realizadas, atendem indiretamente ao cartel de construtoras. Se pessoas são indicadas à presidência de agências reguladoras, certamente passaram pelo crivo das empresas atuantes no ramo, caso, por exemplo, de agências reguladoras da mídia, do petróleo e da telefonia. Se o banco central baixa as taxas de juros de referência, houve prévia reunião com os conglomerados bancários.

Para implementar o controle cultural, as corporações precisam necessariamente de uma sociedade movida pelo consumo, materialista e emburrecida. Não à toa, desde o Iluminismo, quando o ateísmo, o racionalismo e o materialismo foram tomando o espaço da crença e dos valores tradicionais, o poder das corporações e multinacionais só cresceu. Fenômenos como a globalização, o cientificismo e o culto à juventude são reflexos disto.

Pessoas que definem suas vidas em termos de marcas, da compra de certos produtos e que buscam profissionalmente apenas dinheiro, fatalmente serão conduzidos pelas meta-empresas. Estas oferecerão estilos de vida, através da fidelização dos seus clientes, e da oferta de linhas exclusivas de produtos para cada tipo de personalidade.

Se é alguém mais reativo, podem ser oferecidas músicas de rebeldia (*rock'n roll*), turismo, eventos e roupas de vanguarda. Sendo alguém mais "espiritualizado", este pode beber um refrigerante *diet*, comprar cursos de yoga e adquirir livros de auto-ajuda. O leque de opções é quase infinito. A regra é que todos devem ser incluídos no consumo; há uma marca para cada um, que represente seu estilo de vida.

No entanto, itens sem valor comercial, como valores familiares, jejum, minimalismo e desapego, se forem realmente praticados, são ruins para os negócios das corporações. Haverá sempre a repressão das coisas espirituais, tidos por "chatas", caso não possam ser convertidas em consumo. E, aos poucos, a ideia de consumo vem sendo substituída pela ideia de controle.

As corporações, em muitos casos, são os verdadeiros agentes históricos, e não os indivíduos, como se pensa. Afinal, muitos dos grandes acontecimentos da História representam mais os interesses dessas empresas, e dos seus donos, do que dos indivíduos participantes das ações.

Por que os EUA enviaram soldados para o Vietnã nos anos 60 e 70? Nem os soldados, nem a maioria das pessoas, faz ideia. A difusão da internet no final do séc. XX foi um acaso? Por que as pessoas se vestiram de determinada maneira em determinado período histórico? São diversas as perguntas que nos levam à questão de quem são os agentes: corporações.

4. Desconstruindo mitos

Chamamos aqui de "mito" a imagem gloriosa que todos pretendem passar de si mesmos. Pode ser, em realidade, tanto uma imagem quanto uma narrativa, ambas funcionando como propaganda. Esta nem sempre é óbvia, muitas vezes vindo sob a forma de informação, verdade ou dogma, aos quais caberia apenas aceitar. "Trabalhar é bom", "os governos são eleitos pelo povo e para ele governam", "cientistas buscam apenas a verdade", "empresas gostam do livre mercado", são algumas das afirmativas que circulam.

O trabalho de desconstruir mitos tem início na dupla checagem de toda informação recebida. "Dizem isto, mas será mesmo?" Seria o caso de tentar ao máximo se aproximar da fonte primária de dados, ler os livros originais ao invés dos comentários, ler no idioma original ao invés de traduções, ser cético com modelos estatísticos, ser honesto com os próprios sentimentos e dizer exatamente aquilo que está vendo, evitando inserir algo exógeno.

A ideia final é saber primeiramente "o que é realmente algo", na prática, o que encontraremos estando em contato com a coisa. Em segundo lugar, entender que tipo de operações ocultas são realizadas para manter algo.

Afinal, muito do que vemos como bem sucedido, tem uma história podre por trás. Bilionários que hoje pagam impostos, por exemplo, começaram com contrabando, sonegação e apadrinhamento político, sendo regularizados apenas ao atingir o patamar de liderança no mercado. Por fim, este mesmo bilionário irá cobrar a regularidade legal dos novos entrantes, de forma hipócrita, com base em seus contatos nos órgãos de controle, afastando ou dificultando a concorrência.

Devemos ter muito cuidado ao idolatrar pessoas e instituições. Nada é o que parece.

4.1 Mitos do trabalho

Há necessidade, por parte dos que estão acima na pirâmide social, de acalmar e engajar os que estão abaixo. A obra *Admirável Mundo Novo*, de Aldous Huxley, nos mostra, na sociedade distópica da obra, o esforço de tornar cada classe social orgulhosa da sua posição. Os betas, por exemplo, gostam de ser betas, enquanto os alfas se orgulham de ser alfas, não havendo conflito entre classes. O livro mostra, desde a manipulação genética do embrião, passando pela infância, a repetição exaustiva de comandos neuro-linguísticos para criar essa harmonia social.

A única maneira de fazer alguém espontaneamente assumir posição de desvantagem, ganhando menos e produzindo fisicamente mais, é através de propaganda. Esta ferramenta, formalizada no séc. XX, era uma função religiosa no passado.

Os líderes religiosos, em suas diversas vertentes, ao longo da história, criaram justificativas para que as pessoas pagassem impostos e trabalhassem. "Dê ao homem o que é do homem", "o trabalho dignifica o homem", "com o suor do seu rosto conquistarás seu pão", "não cedas ao diabo e suas ofertas de atalhos ao trabalho duro e a seus prazeres efêmeros", dentre outras máximas semelhantes.

Alguns sociólogos, como Max Weber, tentaram, de forma simplista, associar o sucesso econômico dos países protestantes às suas doutrinas religiosas, devido ao valor dado ao trabalho por essa vertente cristã alternativa. No mundo contemporâneo, é comum o relato de pessoas sem direcionamento profissional, que, ao entrar na igreja evangélica, decidem trabalhar e retomar a vida dita normal.

Desde o Renascimento, passando pelo Iluminismo, os líderes religiosos perderam autoridade moral, que passou a ser exercida por filósofos, intelectuais e políticos. A ideologia se tornou, desde então, a ferramenta preferida da elite para manter os peões em trabalho ativo. No campo ideológico, há todo um leque de opções, ao gosto do freguês: liberalismo, comunismo, anarquismo etc. Cada linha tem sua visão, ou justificativa, acerca do trabalho.

Novas palavras de ordem surgem na modernidade, entre os séculos XIX e XX, como "é trabalhando que se contribui com a sua nação", "nós também podemos fazer isso", esta para as mulheres, ou "trabalhando é que se faz a sua parte para construir um grande país, com suas glórias". Aparecem os partidos dos trabalhadores em suas múltiplas designações e versões, com apelo popular, bem como sindicatos e formas de expressão disponíveis para o operário, ou proletariado.

Saltam aos olhos os belos cartazes da revolução maoísta chinesa, em que vemos pescadores sorridentes e vigorosos, exercendo seu ofício com orgulho. Há, em diversos países, a imagem recorrente de um operário com os punhos cerrados para o alto, indicando comprometimento com a ideologia.

Certamente, os partidos dos trabalhadores criados nos mais diversos países, bem como seus sindicatos, eram controlados por mãos invisíveis da elite, conduzindo a massa aos fins dos senhores, e não da população pagadora de impostos. Mais recentemente na história, tivemos alguns exemplos, como o líder sindical americano Jimmy Hoffa (1913-1975) e sua ligação com a máfia italiana.

Há até mesmo uma fase pós-moderna, ao final do século XX e início do século XXI, quando os conceitos de estado e nação caem em descrédito, e o trabalho precisou ser justificado como uma busca de auto-realização. A pessoa precisa, indiretamente, ser convencida, achando que se convenceu por si mesma, de que gosta de trabalhar, e de que, buscando aos poucos, através de diversas funções, aquela que é a sua vocação, encontrará a verdadeira felicidade.

Muitas mulheres, nesse contexto, abraçaram o ideário feminista de buscar a independência dos homens, pagando seus próprios impostos e trabalhando em qualquer área disponível, exceto como dona de casa, antiga função feminina "obsoleta". Com a entrada das mulheres, iniciada mais efetivamente no contexto da segunda guerra mundial, e intensificada ao longo das décadas seguintes, o preço da mão-de-obra geral caiu, beneficiando as empresas, que passaram a ter mais oferta de pessoal.

O avanço da tecnologia apenas piora a situação do trabalhador, pois tarefas que demandavam, por exemplo, 10 homens, podem agora ser realizadas com apenas 1. A consequência, naturalmente, é a redução, ao longo do tempo, de empregos e salários.

Em resumo, em toda cultura e em toda época, há uma elite que não trabalha muito, ao menos não em trabalhos braçais, disseminando a ideia de que trabalhar é algo grandioso, e de que deve ser motivo de vergonha qualquer ociosidade. O cinema, dentre outras artes, serve como propaganda, reforçando subliminarmente o conformismo à rotina semanal produtiva.

O povo abraça esses ditames, fiscalizando uns aos outros, denunciando malandros e preguiçosos, como bons escravos fariam. Os senhores apenas olham de longe, das suas mansões, essas agitações populares.

4.2 Mitos da tecnocracia

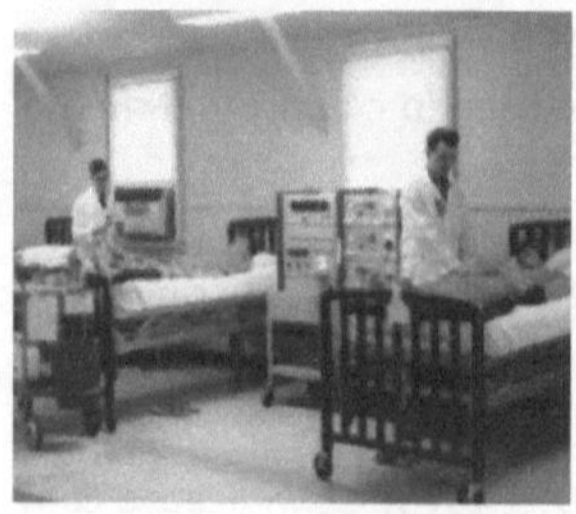

Como a tecnocracia se propõe a entregar "produtos" espirituais, intangíveis, no que difere do trabalho, há expectativa de que esse conteúdo traga a verdade, o conhecimento e o desenvolvimento pessoal. Ainda que haja exceções, as figuras que conseguem projeção nesse meio se dividem em 3 vertentes, uma positiva, uma negativa e uma neutra, respectivamente: a auto-ajuda, o controle mental e a burocracia.

A autoajuda, em realidade, ajuda apenas o guru que propaga essa doutrina. Pessoas autodeclaradas filósofos, empreendedores, escritores e místicos, mas que não são nada disso, põem-se a ensinar, de forma rápida e pseudo-intuitiva, como superar traumas, como ser ricos, como vencer na vida e como encontrar soluções pseudo-fáceis para todos os problemas.

Seria divertido, se apenas um grupo restrito consumisse esse conteúdo, mas esses gurus emitem opiniões sobre economia, sobre a situação política e todos os temas "quentes" da nação. Possuem grande projeção e capacidade de condicionar o pensamento de todos, com boa retórica e carisma.

Quanto às técnicas de controle mental, empregadas intensivamente pelos governos de todos os países, com auxílio de influenciadores, durante todo o séc. XX e ao longo do séc. XXI, são muito variadas, complexas e, em grande parte, "secretas". Vejamos exemplos do que há aberto ao público: hipnose, programação neurolinguística, técnicas de propaganda, técnicas de vendas e demais instrumentos de marketing conhecidos.

Vejamos um resumo de alguns dos itens mencionados acima. A hipnose, através do mesmerizador, um profissional treinado, permite introjetar imagens, sensações e percepções na mente de uma pessoa, a princípio com a concordância dela. A programação neurolinguística visa, através do uso apurado da linguagem, modificar as crenças de alguém, sendo muito usada em comerciais e em discursos políticos.

O avanço da propaganda, talvez a grande marca do séc. XX, deixou marcas profundas na psique pós-moderna; na primeira e segunda guerra mundial, bem como na guerra fria, técnicas explícitas e subliminares de convencimento foram usadas à exaustão, em todas as formas possíveis, criando uma linha tênue entre jornalismo, história, ciência e propaganda. Edward Bernays, sobrinho de Sigmund Freud, foi um dos grandes talentos da área, atuando em muitas campanhas de forma eficaz.

Podemos também especular sobre o que há de secreto: experimentos de controle mental, manuais de persuasão das agências de inteligência, operações psicológicas militares (*psyops*), ataques de falsa bandeira (*false flags*), psico-eletrônica, dentre muitas possibilidades.

O mais famoso programa de experimentação mental em seres humanos, envolvendo os EUA, o Canadá e a Inglaterra, chamado popularmente MK Ultra, possuía ao menos 149 subprojetos, envolvendo 80 universidades, como a Stanford, ainda centros médicos e prisões, com 185 pesquisadores em operação e 15 fundações ativas, incluindo a Fundação Rockerfeller. De início, o Mk Ultra era uma "teoria da conspiração", sendo desde 1975 (*Church Committee* e *Rockerfeller Commission*) assumido como ocorrido entre a década de 1950 e 1960, e tido por encerrado, por membros do governo.

Certamente muitos outros países criaram sistemas de lavagem cerebral e abuso psicológico em técnicas de tortura, como, por exemplo, a União Soviética. A televisão se tornou popular nos anos 1960, auge dos estudos psicológicos secretos, tendo provável correlação.

Quanto aos ataques de falsa-bandeira (*false flag*) são, dentre outras opções, uma justificativa para a opinião pública aceitar determinada ação governamental, a qual seria tida por gananciosa de outro modo. Cria-se o problema, causando a reação, para promover a solução, esta desejada desde o início.

A tecnocracia, tanto em sua vertente burocrática, quanto em sua vertente "independente", atua em todas as etapas dos processos acima mencionados, tanto públicos quanto classificados por governos, reforçando a narrativa oficial, dando respaldo jornalístico a ações militares, deslocando o debate para certos temas de interesse etc. Por exemplo, a Operação Mockinbird da CIA, nos EUA, visou abertamente, como revelado pelo *Church Committee* (1975), influenciar a mídia, de forma a utilizar notícias, imagens e artigos, como propaganda.

Há um trabalho em torno da Janela de Overton, conceito que significa a amplitude da opinião pública sobre um tema, indo da escala "totalmente aceitável" a "totalmente inaceitável", passando pelos intermediários, sendo papel do tecnocrata alterar essa escala, quando conveniente. Manipular a janela de Overton é incutir valores e exemplos na sociedade de forma a sensibilizar, ou dessensibilizar certos assuntos, ou aspectos dentro de um assunto, de forma a fazer um indivíduo mudar a própria opinião ou, ainda que não mude, ter a impressão de que todos estão mudando.

O desejo de ser aceito socialmente pode fazer alguém aceitar algo mesmo sem concordar, desde que entenda que aqueles que estão no seu círculo de relacionamento, as pessoas que são referências para ele, pensam daquela forma. Eis o truque: todos pensam que "todos estão pensando", então o grupo converge.

Em resumo, o mito da tecnocracia, na figura dos intelectuais, artistas e influenciadores, é fingir se isentar do processo de exploração da população pelo governo e pela elite corporativa, quando, em muitos casos, são parte ativa do problema. Vende-se que, por exemplo, os palestrantes, cientistas, professores e jornalistas buscam ingenuamente a informação, pelo prazer de divulgar a verdade e melhorar o mundo, o que não procede.

4.3 Mitos da empresa

É comum romantizarem a atividade empresarial como feita por empreendedores heróis que desafiam os governos e as dificuldades para atenderem as necessidades da população, em termos de comida, eletrodomésticos, produtos diversos enfim. De fato, eles atendem as necessidades da sociedade fornecendo produtos e serviços. Mas nada há de heroísmo e virtude.

Os antigos liberais, da geração de Adam Smith, no entanto, já alertavam que é o egoísmo coletivo que fundamenta o livre mercado, gerando um efeito colateral benéfico para todos, pois o egoísmo do empresário, diante da concorrência, o faz fornecer o melhor e mais barato produto que o consumidor deseja.

Não há, assim, um caráter superior nos empreendedores. Caso tenham a chance de monopolizar um mercado, distorcer preços, explorar demasiadamente trabalhadores, corromper agentes públicos, sonegar impostos e utilizar lobbies, certamente o farão. Afinal, todas as temidas corporações multinacionais começaram como empresas ordinárias, além de ser muito comum o uso de empresas por políticos, para lavagem de dinheiro.

E a tão propagada eficiência interna das organizações nem sempre é realidade. O ambiente da maioria das empresas é corrupto. Vê-se que cada empregado tem o objetivo de aumentar seu próprio salário, muitas vezes inflando seus resultados pessoais, em detrimento da prestação de informações verídicas.

Há conluio de funcionários para excluir um terceiro e forçar uma imagem ruim deste perante a chefia maior. Há o abuso moral, muitas vezes sexual, das chefias, perante seus subordinados. Para alguns, os preferidos, as metas são leves e flexíveis, enquanto para outros, os desafetos, a cobrança é maior. Podemos ainda mencionar o roubo de recursos da empresa ou o uso da sua estrutura para fins pessoais, por parte dos funcionários.

Estabelece-se um jogo de poder entre as chefias e seus funcionários, ou entre os gerentes, disputando recursos. Há uma constante cobrança dos donos, ou seja, acionistas majoritários e fundadores, sobre os administradores, gerentes e funcionários. Há acordos entre concorrentes, muitas vezes na forma de um cartel, ou entre sindicatos e a empresa, evitando greves e aumentos salariais.

A própria gerência estratégica irá emplacar suas agendas paralelas. Podem-se utilizar informações privilegiadas para realizar operações na bolsa de valores, enriquecendo os patrimônios pessoais de administradores, consultores e coordenadores. Ou, por outro lado, costurar uma fusão com outra empresa, contabilizando propinas em caixa 2, ou mesmo forçar a recuperação judicial para evitar o pagamento de empréstimos, obrigações trabalhistas e suspender dívidas, por fim retomando a própria empresa com outra configuração.

Em relação aos clientes, busca-se atender minimamente as suas necessidades, ao passo que, se tenta imprimir a maior satisfação possível aos mesmos clientes. A ideia é que eventuais problemas com o produto, como, por exemplo, a obsolescência programada, nunca sejam percebidos como intencionais, colocando a própria empresa como vítima e amiga, disposta a vender um novo produto, para substituir o antigo que "quebrou".

O cliente é basicamente visto como uma "mina de ouro", da qual se deve extrair o máximo de dinheiro pelo máximo de tempo, com o mínimo de reclamação. Os contratos devem sempre beneficiar a empresa, sendo escritos com letras pequenas e assinados em situações que não permitam uma leitura atenta.

Toda contrapartida ao cliente deve ser verbal, sem registros. Toda garantia para a empresa deve ser por escrito, e todo pagamento, de preferência, antecipado. Toda venda, se possível, deve ser casada, o que é proibido pela lei.

O preço do produto cobrado por uma empresa deve ser ao mesmo tempo aquele que cubra todos os custos diretos e indiretos, e aquele que seja o máximo que o cliente médio pagaria. Ou seja, considerando a microeconomia básica, a empresa, caso tenha acesso à real necessidade do cliente, cobrará o máximo possível.

Não é, vale lembrar, o preço justo ou o valor que gere um bom lucro, mas o valor que gere o lucro máximo. Por exemplo, no caso de um remédio que representasse, isoladamente, a diferença entre a vida e a morte de uma pessoa, a empresa colocaria como preço personalizado a cifra correspondente a tudo que a pessoa tiver, todo o seu patrimônio, levando o cliente à miséria.

O livre mercado extremo, sistema defendido por anarcocapitalistas e libertários, portanto, é plenamente lógico e, ao mesmo tempo, potencialmente imoral. Mesmo no caso da venda de pão, em uma situação em que o cliente estivesse com fome, e tivéssemos escassez de comida, o comerciante tende a agir friamente, cobrando o máximo por um pedaço de pão. Havendo, ao contrário, abundância de comida, e concorrência, tudo ficaria bem, e todos comprariam pão por um preço adequado.

Assim, em um mundo idealizado, em que as empresas dominassem, e não existisse o governo, religiões ou grandes corporações monopolistas, a sociedade enriqueceria, mas em estado de degradação moral. Haveria livre comércio de drogas, eutanásia em praça pública, *freak shows*, retorno da escravidão, consumo de carne humana, sexualidade bizarra sem restrições, comércio de órgãos etc.

Todos seriam economicamente livres, certamente mais ricos, mas miseráveis espiritualmente, afinal o niilismo (*laissez-faire*) é o princípio da entropia e da espiral de morte. Não digo que haja alternativa econômico-social melhor, não se trata disto aqui, mas apenas de constatações e desmistificações.

Um libertário diria que, ao contrário, sem o Estado, todos seriam mais humanos e morais, pois poderiam exercer a propriedade natural dos seus bens e dos seus corpos, e que a não agressão brotaria no coração de cada homem. No entanto, nada garante tal elegância e reflexão moral em um ambiente selvagem, sem leis de uma instância maior.

Observando o passado humano, vemos, como afirmamos acima, que, na primeira oportunidade, as empresas agem friamente, pela lógica do puro lucro. Mesmo os políticos, sem um freio legislativo, tendem à tirania totalitária. Em resumo, o livre mercado é mais uma ideologia, como o marxismo. As empresas não perfeitas e o mercado é falível, como tudo o mais.

4.4 Mitos do investimento

Como o mercado financeiro, onde atuam os investidores, funciona pela regra da soma zero, tornando o resultado final de todos os ganhos e perdas nulo, em termos de geração de valor econômico, a solução para os grandes investidores será sempre forçar as regras, entrando em uma zona cinzenta entre a legalidade e a ilegalidade. Assim, considerando um sistema financeiro ideal, onde todos atuassem de forma ética, no longo prazo, com o uso de computação e estatística, ninguém ganharia muito dinheiro. No entanto, como observamos, não é o que ocorre, ou seja, alguns enriquecem realizando investimentos.

Certamente para o público é passada outra versão, qual seja um sistema com oportunidade para todos. Tal ideia incentiva novos aportes financeiros de aventureiros, através de *hypes* midiáticos, incentivando, assim, trabalhadores a apostarem no mercado financeiro. A entrada de pessoas comuns no mercado é o que permite ganhar dinheiro. Este será desviado desses novos entrantes, que encararão de forma esportiva o prejuízo, como se estivessem em um cassino.

Vejamos alguns artifícios usados pelos investidores de sucesso: equipes eficientes, robôs, manipulação de mercado, informações privilegiadas e fraudes. Em seguida, comentaremos um pouco sobre cada um deles.

Equipes eficientes implicam pessoal com alto grau de conhecimento técnico e especialização. Uma grande investidora terá, de início, uma equipe jurídica, acompanhando todas as minúcias e brechas da legislação, tanto em termos tributários quanto de regras das operações. Atuarão acompanhando o seu próprio país e todos os países relevantes, o que demanda atenção e tempo.

Terão também contatos em agências reguladoras que possam reduzir ao mínimo o tempo de acesso à informação. Ainda, é preciso contratar analistas com experiência e facilidade de obter e interpretar as informações, bem como estabelecer contatos relevantes no mercado.

Os robôs virtuais irão efetuar as compras e vendas em operações complexas quase instantaneamente. Por exemplo, se há chance de arbitragem entre duas ou mais moedas estrangeiras, essa oportunidade não durará muitos segundos, pois robôs diversos atuarão lucrando o possível e corrigindo a distorção.

Como caso típico, o *day trade* não comporta a lentidão de um ser humano, para preencher o formulário, dar os cliques etc, sendo necessário um processamento instantâneo. Amadores, em algumas operações, não têm a mínima chance.

Manipulação de mercado é a tentação dos grandes investidores. Se alguém possui um valor significativo de um ativo, como, por exemplo, grande volume de títulos do tesouro americano, de ouro, de moeda de um determinado país ou parcelas de capital de empresas relevantes, a simples venda massiva desses ativos pode distorcer todo o mercado, criando pânico, gerando *circuit breaker* na bolsa de valores e outros tipos de efeitos sistêmicos.

Uma possibilidade de manipulação é fazer o preço de um ativo desejado cair e usar um "laranja", ou seja, um terceiro agente que finja não ser ligado ao grande investidor, que compre os ativos em grande volume, para, em seguida, reverter a queda, fazendo o preço subir novamente, agora com domínio ainda maior do mercado. O preposto usado, futuramente, de forma discreta, repassará as ações ao grande investidor que criou a jogada.

Informações privilegiadas são a forma clássica de enriquecer no mercado financeiro. Um grande operador deve cuidar para ter pessoas de sua confiança, muitas vezes recebendo propinas, em cargos importantes do governo, em agências reguladoras, em grandes escritórios de contabilidade, em corporações, obtendo cenários futuros com boa probabilidade de concretização, antes dos demais investidores. Informação é tudo nesse meio.

Alguns exemplos de informações que podem enriquecer significativamente alguém: a data de uma subida ou descida da taxas de juros de referência da economia, a decisão de moratória da dívida de um governo, a data em que um país declarará guerra a outro, a descoberta de uma jazida , o processo judicial que será protocolado em breve contra uma grande empresa, dentre muitas outras possibilidades. Após a obtenção da informação, é preciso realizar as operações financeiras e gatilhos, com o máximo de discrição, evitando punição ou investigação policial.

As fraudes são usadas para que determinada empresa apareça com maior saúde financeira, enquanto na realidade está quebrada, e vice-versa, para evitar o pagamento de uma dívida, adulterando comprovantes, bem como para dar a impressão de um futuro promissor para um segmento econômico. São tipificadas pela legislação como crime.

Na crise econômica de 2008, vimos esse aspecto através das notas dadas pelas agências de risco, que ranquearam como de qualidade créditos que eram, de fato, bem ruins, confundindo os atuantes do mercado. Muitos balanços patrimoniais e demonstrações de resultados do exercício de diversas empresas são também inflados pelos contadores, para dar a impressão de um ótimo resultado, valorizando as ações.

Dentro da lógica acima demonstrada, vejamos como enriqueceram alguns ícones do mercado financeiro: Natan Mayer Rothschild, John Pierpont Morgan, Michael Miken, Jordan Belford, Warren Buffett e George Soros. São nomes um tanto conhecidos, mas com escala de importância diferentes.

A família Rothschild, braço financeiro do Império Britânico, deu seu grande salto ao obter informações privilegiadas sobre a batalha de Waterloo (1815). John Pierpoint Morgan, grande figura do séc XIX, atuante em quase todos os segmentos econômicos, utilizou todo tipo de manipulação de mercados e utilização de informações privilegiadas, a exemplo da participação no "pânico de 1907" e na criação do *Federal Reserve*.

Michael Milken, bilionário como os demais, foi diversas vezes investigado e mesmo condenado a prisão e multa por crimes cometidos. Jordan Belfort, após seu momento de sucesso no mercado financeiro, foi preso por golpes contra pequenos investidores.

Warren Buffett, da Berkshire Hathaway, é uma referência como investidor de sucesso, com métodos mais "conservadores", cabendo apenas mencionar sua ligação com figuras importantes da elite americana, a exemplo de Bill Gates, certamente garantindo acesso a informações exclusivas. Por fim, George Soros, grande investidor, também deu saltos em sua riqueza ao manipular mercados e, até mesmo, influenciar governos pelo mundo.

4.5 Mitos da intermediação

Há, reconhecidamente, uma série de atividades extraoficiais, muitas vezes ilegais, que os bancos e demais instituições financeiras praticam, fazendo seus lucros passarem de *grandes* para *extraordinários*. Alguns esquemas operados por bancos, inclusive instituições famosas: lavagem de dinheiro, contas sigilosas para criminosos e ditadores, financiamento de guerras, ataques financeiros a países, vigilância e controle político via endividamento.

Afinal, como traficantes de armas, ditadores, gangsters, agentes de inteligência dos mais diversos governos, "laranjas" de políticos, dentre outras figuras obscuras, conseguem movimentar grandes quantias de dinheiro, comprar bens, realizar contratos, guardar seus recursos, sem qualquer inconveniente? A resposta é: seja amigo de um banqueiro, ou abra um banco você mesmo.

Mesmo pessoas conhecidas da sociedade, que não precisam se ocultar, utilizam o "caixa 2" do sistema bancário. É possível criar operações financeiras complexas que permitam, de forma despercebida, movimentar dinheiro sem recolher impostos e pagar alguém com discrição.

Ou, em outra alternativa, criar ONGs, fundações e utilizar paraísos fiscais, de forma a esconder suas fortunas dos olhos do público. Os bancos, sempre presentes em quaisquer operações e garantias, serão coniventes, aceitando toda a papelada falsa como se correta fosse, em troca de boas comissões.

A Suíça, país com grande percentual de empregados no setor financeiro e sede de grandes bancos, utiliza uma moeda diferenciada dos demais países europeus: o franco suíço. Além disso, tem uma imunidade informal nos conflitos internacionais.

Em meio ao caos da 1º e 2ª guerra mundiais do séc. XX, conseguiu a proeza de permanecer neutra e ilesa, enquanto o restante da Europa era destruída. É, de fato, uma espécie de quartel general dos banqueiros, com sua altitude elevada, entre planaltos, vales e os Alpes, sendo um país abertamente recheado de bunkers.

Em realidade, é quase um consenso contemporâneo que, para ser da elite, é preciso ter um banco ou uma instituição financeira de peso. A família Rothschild atuou nesse ramo, conseguindo, em certo sentido, dominar a Inglaterra, ou ao menos ser extremamente relevante, mesmo em outros países. A família Rockefeller, oriunda do ramo do petróleo, no séc. XIX, depois abriu um banco. A família Morgan, também proeminente no séc. XIX nos mais diversos ramos econômicos, terminou por abrir um banco de investimentos.

O líder soviético Vladmir Lênin ressaltava a importância de instituir um banco central, para a concretização do comunismo em um determinado país. Implícita nesta afirmação é a ideia dos grandes poderes que os banqueiros possuem. Reúnem-se, em consórcio, na figura de um banco central, capaz de controlar a nação, através do crédito, dos juros e do financiamento indireto do próprio governo.

Os EUA, país originalmente com grande descentralização financeira e livre economicamente, sofreram investidas constantes, ao longo da história, para a criação do banco central. Apenas no início do séc. XX, em 1913, esse objetivo dos banqueiros foi finalmente realizado no *Federal Reserve*, o que implicou o surgimento de uma nova nação, sob nova administração, mais militarizada, mais intervencionista, mais inflacionária, ou seja, mais socialista em termos de princípios.

Abandonou aos poucos o conservadorismo, doutrina afeita à prudência e à tradição. A obra *Democracia na América*, escrita em1835, por Alexis de Tocqueville, retrata um pouco da América anterior ao domínio dos banqueiros.

Por que houve tanto empenho por parte da elite em criar o *Federal Reserve*? Não apenas empenho, mas sigilo, conspiração e oportunismo. É que a quantidade de poder que ele representa é gigantesca.

Considerando um mundo em que o dólar é a moeda de referência, ter a máquina que faz dólares permite controlar toda a economia. Através da manipulação indireta das taxas de juros, e de outras operações sofisticadas, é possível escolher qual país entrará em crise em qual momento, quando será o momento de um crescimento mundial, e qual o momento de um *crash*. Isso com o benefício de os amigos sempre terem informações privilegiadas e lucrarem tanto nos crescimentos quanto nas crises, à custa da população desinformada.

Em 1910, ocorreu a famosa reunião secreta da ilha Jekyll, na Geórgia. Além do senador Nelson Aldrich, foram convidados: Henry P. Davidson, da *J. P. Morgan & Co*, Frank A. Vanderlip, do *National City Bank*, o qual pertencia aos Rockefeller, A. Piatt Andrew, secretário adjunto do Tesouro, Benjamin Strong, da *Morgan's Bankers Trust Company* e Paul Warburg. Eles iriam redigir as recomendações finais da Comissão Monetária Nacional. Uma das decisões foi de não utilizar o nome "banco central", ludibriando o público com um sistema de "reservas regionais".

Woodrow Wilson tornou-se o 28º presidente dos EUA. Para garantir seus interesses, os financiadores de Wilson colocaram para supervisioná-lo um homem que governaria de fato: o Coronel Edward Mandel House. Este foi um dos mais influentes *players* da administração Wilson, além de garantir a tramitação da lei do *Federal Reserve*.

Aproveitando o recesso de natal do Congresso, a lei foi aprovada em 22/12/1913. O presidente Wilson assim retribuiu àqueles que o financiaram. Pouco depois, Paul Warburg foi nomeado para o Conselho Diretor do *Federal Reserve*, com anuência do Coronel House.

Warburg recebia 500 mil dólares de salário na *Kuhn, Loeb & Co*, da qual se afastou portanto, para receber 12 mil por ano no *Federal Reserve*, por um "dever cívico". O presidente do *Federal Reserve*, por 14 anos, entre 1914 e 1928, foi Benjamin Strong, participante do encontro na ilha Jekyll.

O endividamento dos países é o que permite o controle mundial através do sistema bancário. Daí o incentivo a guerras, que tornem os países cada vez mais carentes de recursos e cada vez mais endividados, sendo que os bancos podem financiar os dois lados de todos os conflitos.

A ideia de criar inimigos militares diversos serve também para ameaçar os que decidirem dar calote. Sempre há um inimigo próximo a ser financiado e com interesse em tomar o seu país, portanto é recomendável que os juros sejam pagos.

4.6 Mitos do Estado

O Estado funciona em camadas. De início, temos o nível formal, em seguida o nível discreto, e, por fim, o nível secreto. Sem entender esses níveis, muitas decisões dos políticos seriam inexplicáveis, assassinatos de figuras públicas restariam obscuros e acontecimentos relevantes pareceriam fruto do acaso.

Para muitas pessoas, existe apenas a primeira dessas camadas, qual seja um conjunto de instituições e órgãos que se apresentam ao público, prestando serviços, recebendo correspondências, assinando documentos e executando o orçamento público. É a parte acessível do governo.

A base desse nível é a legalidade. Tudo deve seguir conforme o ordenamento jurídico. Quaisquer tentativas de realizar algo, deverão passar pela burocracia do executivo, pela formalidade do judiciário ou pela formação de maioria e interlocução no legislativo.

O nível formal funciona como uma interface, tornando o Estado palatável ao grande público. A imprensa tem o papel de reforçar a ideia de que o que vemos do governo é tudo que existe, funcionando, assim, como proteção (*gatekeeper*) para os demais níveis.

Em segundo plano, temos o nível discreto, também chamado de Estado Profundo (*Deep State*). O conceito nos aponta a presença discreta por trás, ou ao redor, da estrutura convencional do governo, de um outro grupo que controlaria ou influenciaria as políticas, ações e leis aprovadas. É, portanto, o conjunto de lobistas que pressionam o Estado de forma a conseguir atingir seus objetivos pessoais.

Nos EUA, o *Deep State* se consubstancia no complexo industrial-militar. Há também a presença dos bancos e instituições financeiras.

É movido a dinheiro e poder, podendo ser resumida sua composição da seguinte forma: complexo industrial-militar, empresas contratadas pela Inteligência, empresas contratadas pela Defesa, contas bancárias *offshore* de *Wall Street*, lobistas do complexo industrial-militar, lobistas do exterior, Tesouro, Bancos Centrais estrangeiros, Fundo Monetário Internacional (FMI), Banco Mundial e o *Federal Reserve*. Entre países com grande presença em lobbies temos, por exemplo, Israel e Arábia Saudita.

No Brasil, o que a operação Lava Jato, a partir de março de 2014, descobriu, foi o *Deep State* nacional. Lobistas poderosos, empreiteiras e construtoras financiando quase todos os candidatos em todas as eleições, o poder de pressão e influência de doleiros, caciques políticos, empresários, banqueiros e demais envolvidos atuando de forma coordenada.

Como última camada, temos o Estado secreto, também chamado Governo Oculto (*Shadow Government*). É movido a medo e intimidação. Há, nesse nível, tanto instituições conhecidas do público, como agências de inteligência, mas com atribuições parcialmente secretas, quanto instituições desconhecidas do público, como *think tanks* internacionais e sociedades secretas.

As agências de inteligência, como, por exemplo, a CIA (EUA), SVR (Rússia), Mossad (Israel) e o MI6 (Inglaterra), oficialmente apenas coletam informações diversas, as compilam e, por fim, as repassam ao governo dos seus países. Mas é notório e amplamente reconhecido o papel delas em golpes de Estado por todo o mundo, subversão, transporte clandestino de armas, ataques de falsa bandeira, propaganda, sabotagem, assassinatos, procedimentos de tortura e experimentos humanos ilegais, dentre muitas outras atividades escondidas em seus orçamentos classificados (*black budgets*).

Há, ainda, um intercâmbio muito grande entre a indústria do entretenimento, a mídia e as agências de inteligência, como se comprovou na operação *Mockingbird* da CIA, em que jornalistas foram cooptados. A uniformização das narrativas midiáticas é uma característica do séc. XXI.

O papel dos encontros secretos internacionais e dos grandes *think tanks* é criar diretrizes e fazer grandes empresários e líderes mundiais aderirem à agenda da elite. Como exemplo de encontro internacional temos o chamado Grupo Bilderberg, complementar ao famoso G7, este também anual, em local e data próxima. E, como exemplos de *think tanks*, poderíamos citar o Tavistock Institute, o qual realizou estudos de psicologia aplicada e engenharia social, e o poderoso *Council on Foreign Relations* (CFR), criado pela família Rockefeller.

As sociedades secretas, por fim, são um componente clássico do Estado oculto, remontando a milhares de anos, enquanto as agências de inteligência, mais recentes, se consolidaram apenas no final do séc. XIX e início do séc. XX. Citemos 2 exemplos, entre tantos: a Maçonaria e a *Skull and Bones*.

A Maçonaria, centralizada na Inglaterra e na Escócia, apesar de antiga, representou o imperialismo inglês dos sécs. XVIII e XIX, se infiltrando em todos os países e provocando, muitas vezes, revoluções. Maçom significa pedreiro, ou construtor.

O principal símbolo da ordem é um "G", com um esquadro e um compasso. Alguns presidentes americanos maçons, boa parte com grau 33: Washington, Jefferson, Madison, Monroe, Jackson, Polk, Buchanan, Johnson, Garfield, McKinley, Roosevelt, Taft, Harding, Roosevelt, Truman, Ford, Carter, Reagan, Clinton, Bush Sr., Bush Jr. e Obama. Os pais fundadores da América, como é reconhecido amplamente, eram, em boa parte, senão todos, maçons.

No Brasil, desde a Independência, a maçonaria se fez presente, enquanto o domínio português cedia espaço para a influência inglesa. Nos dias atuais, a cúpula do exército brasileiro ainda é de maçons.

A Ordem da Caveira e Ossos (*Skull and Bones*), chamada pelos membros de A Ordem (*The Order*), está localizada na Universidade Yale, em New Haven, Connecticut (EUA). Há infiltrações da *Skull and Bones* nas mais diversas áreas da sociedade americana, desde igreja, negócios, governo e formação de opinião pública. Na eleição americana de 2004, o candidato republicano, George W. Bush, e o candidato democrata, John Kerry, eram membros da Ordem.

governo e formação de opinião pública. Na eleição americana de 2004, o candidato republicano, George W. Bush, e o candidato democrata, John Kerry, eram membros da Ordem.

4.7 Mitos das corporações

A parceria entre corporações e Estados para governar a sociedade tem um nome: fascismo. Benito Mussolini disse que "fascismo poderia ser corretamente chamado corporativismo, dado que surge de uma mistura entre poderes das corporações e dos governos".

No começo do séc. XX, essa ideia se restringiu às fronteiras nacionais, em diversos países como Itália, Japão e Alemanha. A ideia maior da elite corporativa, no entanto, amplificada com a globalização, é de um fascismo multinacional, chamado por alguns de Nova Ordem.

O conceito seria o de um mundo sem fronteiras, sem a pluralidade de governos, religiões e culturas, ao final reduzido a um único governo centralizado, uma religião e uma cultura, de forma a "reinar a paz" sob administração de tecnocratas, cientistas e banqueiros. Essa ideia tem base nas diversas correntes gnósticas e ocultistas que culminaram na doutrina Iluminista do séc. XVIII.

O esforço rumo ao governo mundial, Nova Era, socialismo internacional, ou qualquer outro nome que se dê, significando, ao final, a mesma coisa, abrangeu as mentes mais brilhantes dos últimos séculos. Tivemos desde artistas, políticos, cientistas, filósofos, empresários, padres, gurus, financistas e líderes abraçando o progressismo e a ideia de demolir o passado em vista de um futuro utópico.

Após conquistas como a Reforma Protestante (1517-1648), a qual dividiu o poder religioso, foi necessário destruir a velha Ordem política, gradualmente. As diversas monarquias e aristocracias tradicionais foram derrubadas através de guerras e golpes, em movimentos como a independência dos EUA (1775), do Brasil (1822), Revolução Francesa (1789), Primavera dos Povos (1848), Revolução Russa (1917) etc.

A primeira guerra mundial (1914-1918), a segunda guerra mundial (1939-1945) e a "guerra fria" (1947-1991) finalizaram o serviço na Europa e na Ásia, implantando "democracias" e ditaduras, naturalmente controláveis pela elite corporativa anglo-saxã. O Oriente Médio foi o alvo em seguida, a partir da década de 1990.

Escritores como H. G. Wells (1866-1946), Aldous Huxley (1894-1963) e George Orwell (1903-1950) puderam criar o imaginário necessário ao novo mundo. Wells publicou "Guerra dos Mundos" (1898), "A Conspiração Aberta" (1928) e "Nova Ordem Mundial" (1940). Orwell publicou "1984" (1948) e Huxley "Admirável Novo Mundo" (1932).

Nas pedras da Geórgia (*Georgia Guidestones*), monumento criado em 1979, no condado de Ebert, Geórgia, estão expostos 10 objetivos dos adeptos da Nova Ordem. Vejamos os 3 primeiros, como exemplo: 1) Manter a humanidade abaixo de 500 milhões de habitantes em equilíbrio permanente com a natureza. 2) Controlar a reprodução de maneira sábia, aperfeiçoando as condições físicas e a diversidade.3) Unir a humanidade com um novo (e único) idioma vigente.

Quanto à redução populacional e ao controle de natalidade com inspiração malthusiana, há registros de líderes políticos e empresariais, como Mikhail Gorbatchov, Bill Gates e Ted Turner, declarando a importância de reduzir a população mundial em 90% a 95%. O movimento eugenista, assim, longe de ter acabado com o fim do nazismo, tem prosperado através de armas biológicas, abortos incentivados e propaganda anti-natalidade.

Os demais objetivos das pedras da Georgia reforçam um governo e uma cultura única mundial. Os atuais países seriam meras unidades administrativas, sem poder de criar leis significativas, estas sendo elaboradas pelas Nações Unidas (ONU).

O paganismo ficou manifesto também, no culto à natureza, na minimização do humanismo e na busca do sentido da vida neste mundo, através da imersão sentimental no mundo das aparências. Além do ambientalismo exacerbado, é esperado que uma nova religião ecumênica universal surgirá.

É o que se poderia chamar de uma conspiração aberta. São planos da elite abertamente declarados, tanto verbalmente, por escrito e simbolicamente. Estão em filmes, obras de arte, ficção científica, pinturas e discursos políticos, "escondidos" à vista de todos (*hidden in plain sight*).

À parte de toda propaganda e desinformação, o que se busca é legitimar o poder das corporações e dos tecnocratas, em substituição a instituições concorrentes, como igrejas, patriarcas e monarquias hereditárias, estas as reais ameaças à elite. A título de exemplo, a Igreja Católica medieval condenava a usura, ou seja, a cobrança de juros, proibição essa que inviabilizava o surgimento dos banqueiros nos moldes modernos.

O contra-ataque das classes emergentes foi trabalhar para a destruição da igreja. As famílias e monarquias, por outro lado, ao estabelecer laços de sangue, suplantavam a influência do dinheiro, o que é ruim para as corporações. Estas, assim, precisarão destruir o núcleo familiar e substituir as monarquias por regimes "democráticos", nos quais *lobbies* e propinas garantem o poder das corporações.

Os CEOs e políticos veem este processo como "apenas negócios". As mortes e tragédias pessoais seriam, aos olhos da elite, apenas efeitos colaterais inevitáveis. Costumam dizer que "não se faz um omelete sem quebrar ovos".

5. Formas de ganhar poder

A busca pelo poder é também a busca pela vida. Viver é não apenas explodir uma carga genética, inicialmente contida em um corpo infantil, em uma forma adulta completa, como também exercer sua vontade em amplitudes cada vez maiores, querer e poder cada dia mais, realizar projetos, produzir riqueza, filhos, destruição, benesses e tudo mais.

O filósofo Friedrich Nietzsche desenvolveu o termo "vontade de potência" (*der wille zur macht*) para tratar dessa propulsão e crescente autodesenvolvimento humano, em alinhamento com a própria vida, em todas as suas formas e espécies. Esta força vital é mais característica dos homens fortes, ou seja, aqueles que se destacam em posições de liderança e domínio.

O poder pode ainda ser ganho a curto prazo ou a longo prazo. No curto prazo, temos a pura força física, em que, através da ameaça de violência, alguém fará algo para outro, ou entregará seus bens. A longo prazo pode ser usada a pressão financeira ou a cultura, para conduzir outros aos fins pessoais daqueles em posições de riqueza ou de controle cultural.

Quando se fala em formas de ganhar poder, veremos as diversas ferramentas, de acordo com as circunstâncias, a serem utilizadas para engajar relações de poder. Vale lembrar que toda relação de poder implica que alguém ganhou e alguém perdeu, ou seja, necessariamente um entrará como dominante e o outro como dominado. Não há democracia quando se fala de poder.

5.1 Não se ganha poder trabalhando

Uma das características da relação de trabalho, segundo a lei, é a subordinação. Ou seja, a existência de uma hierarquia em que o empregado está na posição "inferior" e o empregador na posição "superior", ditando ordens a serem obedecidas.

Quando se é subordinado não se tem poder algum, pois o trabalhador, dessa forma, é um instrumento a ser usado pela empresa, pelo Estado ou outra entidade que o contrate, para consecução dos seus próprios objetivos. Ser poderoso é o inverso disso; é fazer as outras pessoas de instrumentos dos seus objetivos, tornando-as, assim, meios para seus fins pessoais.

Em relação ao poder, não existe posição neutra. Pode-se alternar, mas nunca ser neutro. É o caso das amizades, o mais próximo de uma posição neutra. Nesta, os amigos alternam a liderança, ora permitindo a vantagem de um, ora de outro. Portanto, em uma dada situação, ou se é instrumento de alguém, ou os outros seus instrumentos.

A maioria das pessoas, vale dizer, não querem estar em posição de poder. Preferem servir, desde que isso signifique menor esforço mental e maior probabilidade de relaxar em suas casas, sem preocupações adicionais. Entendem que os ricos e políticos, apesar dos seus defeitos, são os mais indicados para tomarem as decisões estratégicas.

Assim, a posição de trabalhador é para o perfil de indivíduo que não aspira ao poder. Muitos buscam dinheiro, aumento do consumo, comida, casa e lazer, enquanto poucos têm o conhecimento e a disposição para, além do dinheiro, construir conexões de poder. Esta situação é suficiente para sustentar esse balanço social, em que poucos dominam muitos.

A servidão dos trabalhadores é a força de base que faz empresas, organizações e Estados funcionarem. Realizam o trabalho do dia-a-dia, cuidam do andamento operacional, implementam as políticas estratégicas estabelecidas pela diretoria e cumprem as metas de vendas. Além, é claro, de manter de toda a infraestrutura da sociedade, como limpeza, consertos, instalações, montagens e atendimento ao público.

O trabalhador é a base da pirâmide social. Para que todas as estruturas acima funcionem e tenham lastro, é necessário que essa classe exerça cegamente suas funções, sustentando o edifício social, inclusive através do pagamento de tributos.

Não se devem confundir, no entanto, os trabalhadores autônomos, como médicos, contadores e advogados, que funcionam como subordinados dos seus múltiplos contratantes, com figuras poderosas individuais, a exemplo de samurais, eremitas e andarilhos. Autônomos apenas sofisticam a relação primordial de subordinação, tendo *diversos* chefes, o que traz a falsa sensação de liberdade. Um eremita, por exemplo, não tem *nenhum* chefe.

Os poderosos individuais estabelecem parcerias, atuando muitas vezes como mercenários ou como fazendeiros autossuficientes. Os autônomos, no entanto, são dependentes de figuras superiores, tornando-os a cada dia mais equivalentes aos assalariados.

Uma vez encontrado o talento e aproveitado as oportunidades para ser um influenciador cultural, tanto na ciência, quanto no jornalismo, na literatura, na burocracia ou na religião, é necessário abranger certos pontos, de forma a obter real poder. É preciso criar um vocabulário, é preciso criar marcos culturais, é preciso se infiltrar nas mais diversas instituições e, por fim, ser um ídolo.

A importância da manipulação da linguagem como instrumento de poder ficou clara na obra "1984" (1949), de George Orwell, onde a ditadura totalitária criou uma nova maneira de falar chamada novilíngua. Tratava-se basicamente de programação neolinguística, de forma a tornar todos, mesmo os que discordem, envolvidos com o regime, por usar sua língua.

Os regimes totalitários, a exemplo do nazismo alemão dos anos 1930, utilizaram todos alguma forma de controle pelas palavras e expressões. É, também, uma influência do ocultismo, acreditar no poder das palavras em si.

No entanto, não é necessário ser um país, ou regime totalitário, para usar técnicas de manipulação da linguagem, "atualização" do vocabulário e neologismo. Mesmo um tecnocrata de nível individual, como um escritor, palestrante motivacional ou professor universitário, precisará ter as suas expressões características, os seus jargões, para que as pessoas os repitam sem saber, divulgando seu trabalho involuntariamente.

A título de exemplo, criar um apelido ridículo o suficiente para seu inimigo, que seja adotado pelas pessoas, pode inviabilizar sua carreira, tirando-o do jogo. Ou algo mais positivo pode ser feito, como criar uma gíria divertida e contagiante, um meme talvez, com sua assinatura subliminar, a exemplo do "não existe almoço grátis", do Milton Friedman, ou "tudo que é sólido desmancha no ar", de Karl Marx, sempre repetidos por todos. Muitos conceitos de Sigmund Freud adentraram o senso comum.

Quanto aos marcos culturais, trata-se da publicação de grandes obras literárias, como "Capitães de Areia" (1937), de Jorge Amado, ou "Grande Sertão: Veredas" (1956), de Guimarães Rosa, filmes como "O Encouraçado Potemkim" (1926), de Serguei Eisenstein, ou "Deus e o Diabo na Terra do Sol" (1964), de Glauber Rocha, dentre tantas obras que ajudaram a moldar a imaginação da juventude e a criar novas possibilidades culturais. Cada época e país tiveram essas peças que abalaram e constituíram o próprio caráter da nação.

Cria-se o chamado cânone literário, musical ou cinematográfico, moldando o que os outros compositores secundários irão fazer, em parte copiando esses grandes mestres citados anteriormente. Assim, ser o grande compositor musical, ou, por exemplo, o grande escritor, entregando, assim, obras-primas, significa um poder enorme e invisível.

A infiltração nas mais diversas instituições e organismos sociais é também fundamental para a obtenção de poder na tecnocracia. Os marxistas, por exemplo, entenderam rapidamente isso no séc. XIX e XX, na forma elaborada posteriormente por Antonio Gramsci, que prescreveu essa necessidade de assumir posições chaves na sociedade, de forma a transformá-la.

Isso, em realidade, não é novo. Muito antes, na Baixa Idade Média e no Renascimento, ordens secretas precisaram se infiltrar na Igreja Católica, para que um ambiente mais favorável ao interesse das classes que representavam, como os burgueses, pudesse futuramente se estabelecer, desbancando a própria igreja; e assim o fizeram.

Basta ver a grande influência do paganismo antigo, tanto egípcio, quanto grego, romano, babilônico etc, na arte e ciência renascentista, com a chancela, ou tolerância, da igreja. O próprio Galileu Galilei, ícone da "perseguição" da igreja católica, era amigo pessoal do papa, e não sofreu qualquer punição concreta. Em poucos séculos, através das revoluções iluministas, uma nova mentalidade surgiu, fruto das antigas penetrações nas instituições.

Trazendo para a realidade contemporânea, quem deseje obter poder na tecnocracia, deve ser bem relacionado no meio jornalístico, no meio político, conhecer alguns nomes em grandes corporações, frequentar ambientes da elite, de forma a ter livre acesso a cargos e influência em congressos que decidam os caminhos da cultura. Ganhando a confiança dessas pessoas, que possam indicar seu nome, e construindo um *networking*, podem-se acumular cada vez mais importância e presença social.

Todo grande cargo é ocupado por indicação. Toda grande verba irá para os amigos. Daí a necessidade de estar infiltrado, não necessariamente contratado, mas sempre atuante e parceiro das pessoas e empresas certas.

Ser um ídolo é ápice da carreira tecnocrática. É a junção de tudo: uma linguagem, um estilo pessoal, presença social, participação em projetos públicos e privados, onipresença na mídia e, naturalmente, grandes obras. Sem estas, o sucesso será demasiado temporário.

Ninguém se sustenta sem qualidade e um produto interessante, aliados, como vimos, ao apoio dos amigos, à divulgação em redes sociais, à percepção e ao acompanhamento orgânico do público. A partir do momento em que se atinge esse estágio, tudo se dobra, se triplica, com suas obras sendo traduzidas para diversos países, seu rosto reconhecido em qualquer parte e suas palavras ouvidas como a de um deus encarnado, que mesmo em suas obviedades ditas, imprime carisma e tem a atenção de todos.

5.3 Ganhar poder empreendendo

Há diversas formas de ganhar poder e influência através das empresas. Vejamos as principais: patrocínios, lobbies, força da marca, criação de tendências e capacidade de inventar.

Os patrocínios permitem a visibilidade e simpatia por parte da população em relação à empresa. Ao "dar" dinheiro para times de futebol, instituições de preservação ambiental, financiamento de pesquisas científicas em universidades, programas de menor aprendiz e utilização das unidades de vendas para campanhas de conscientização social, por exemplo, todos passam a ver a empresa com parceira, ao invés de ser um ente predador que visa apenas o lucro.

Certamente, essas ações mencionadas são para propaganda, reversão em vendas e lucros, mas criam um impacto real para os beneficiários dos seus patrocínios e demais doações. Depois de consolidadas essas políticas, qualquer nova medida, como instalação de nova unidade, ou aumento de preços, terá menor rejeição, muitas vezes recebendo apoio da comunidade.

Os lobbies são semelhantes aos patrocínios, mas agora destinados aos políticos, ou seja, aqueles que podem criar e extinguir leis. Como o Estado tem o monopólio da força, através da sua polícia, para aplicação da lei, é fundamental estar próximo daqueles que a criam, os políticos.

Empresas normais, naturalmente, terão uma pequena influência, mas é importante ter o contato de alguém, desde um vereador, ou um deputado, que a possa representar para incentivar projetos públicos que a beneficiem, e atrasar projetos que a prejudiquem. É o mecanismo de financiamento das campanhas eleitorais que, sendo declarado, seria lícito. Parece uma doação "a fundo perdido", mas trará um importante "retorno" a longo prazo, em especial considerando que seus concorrentes farão o mesmo.

A força da marca, associada a uma linha de produtos, incluindo seu logo e slogan, permite a inserção cultural da empresa. Construir uma marca exige um trabalho de propaganda de longo prazo, bem planejado, menos focado no preço, expressando uma visão do produto em termos de design e estilo de vida.

Ao longo do tempo, algumas marcas se tornaram palavras do dicionário, substituindo o próprio nome do item, a exemplo de Gillette, marca de lâminas de barbear, ou Champagne, região produtora de vinhos brancos espumantes. Muitas pessoas até mesmo definem a própria personalidade com base em marcas, afirmando taxativamente sentenças como "eu uso iPhone", "eu bebo Budweiser" ou "jogo X-Box", significando muito mais do que o mero uso racional de um produto. É, nestes casos, dito algo acerca das suas essências.

Quanto à criação de tendências, pode ser um processo orgânico ou artificial. Será orgânico quando uma empresa se tornar tão tradicional que até mesmo o comportamento das pessoas mude, em torno dos seus produtos.

Por exemplo, quando a Apple criou o iPod, o jeito de ouvir música, até então parado, em casa, com grandes aparelhos, mudou, se tornou dinâmico, com pessoas ouvindo música andando na rua, enquanto se exercitavam. O fone de ouvido já indicava essa tendência, mas o iPod acelerou muito o processo, influenciando até mesmo a maneira com a música é distribuída e produzida.

O processo artificial de criação de tendências, também válido, ocorre quando figuras de autoridade, associadas a certas empresas, ditam a moda. É o que vemos na indústria das roupas, sapatos, bolsas e calçados, quando marcas famosas, como Louis Vuitton, Victoria's Secret, Gucci e outras seletas, criam os seus famosos desfiles em cidade como Madrid, Nova Iorque, Tóquio etc. Dali sairão as novas cores, os tipos de calças e chapéus, que irão figurar entre ricos e famosos, ao final adotados por todas as classes sociais.

A capacidade de inventar, por sua vez, terá repercussões estruturais na sociedade, caso da Ford Motor Company (1901), que em seus primórdios conseguiu tornar o automóvel acessível e popular. Empresas que inventem, por exemplo, um novo remédio mais eficaz para pressão alta, um novo meio de transporte, uma liga de concreto mais durável, uma roupa com novas funcionalidades, um computador capaz de processar em velocidades superiores ou um sistema mais econômico de energia, irão crescer em todos os aspectos.

Venderão muito, terão uma marca memorável e uma capacidade de alterar a própria estrutura social, como o jeito que as pessoas trabalham ou a alocação da população em certas regiões geográficas. Daí a importância de investir em P&D (pesquisa e desenvolvimento), um setor da empresa que consumirá muitos recursos financeiros, parecerá inútil, mas em um determinado dia pode revolucionar tudo, compensando todo investimento recebido.

Uma vez tendo o poder através de um empreendimento, é importante usá-lo com sabedoria, para que não seja temporário. Há o momento de ser discreto e o momento de atuar na sociedade. Há o momento de construir uma base e o momento dos grandes eventos comemorativos e campanhas de marketing mais agressivas.

Cabe ao administrador ter a percepção do *timing* da ação e a autocrítica para sempre aperfeiçoar seus projetos.

5.4 Ganhar poder investindo

O agente investidor tem algumas possibilidades de aumentar sua influência social. É possível inflar tendências existentes, diminuir a relevância de certas empresas inconvenientes, aumentar ou diminuir a taxa de câmbio, financiar a oposição de governos específicos ou abastecer financeiramente o próprio governo, dentre outras opções.

Inflar uma tendência, da mesma forma que molhar e adubar uma planta, significa fazer esta tendência prosperar e expandir. Inversamente, pode-se abafar uma tendência, o que seria, usando a mesma analogia, deixar a planta sem água e sem luz.

Por exemplo, se a sociedade se encaminha para uma virtualização e uso de eletrônicos, os investidores podem apoiar essa iniciativa e colocar dinheiro em empresas de tecnologia, o que fará expandir esse mercado e esse comportamento social. Se os investidores, porventura, boicotassem o desenvolvimento da informática, ao decidir não apostar nessas companhias, a "revolução" tecnológica simplesmente não aconteceria, ou, ao menos, teria muito mais dificuldades e lentidão.

Pode-se também, como dito, diminuir a relevância de certas empresas. Como muitas empresas utilizam a abertura de capital, através do lançamento de ações no mercado, como forma de se financiar, um lançamento bem sucedido pode ser determinante para a captação financeira.

Havendo aversão, muitas vezes ideológica, dos investidores em relação ao novo entrante, é possível, através de operações lícitas, baixar o valor das ações da empresa, o que resulta em perda de valor para a empresa como um todo, além de criar problemas em seu caixa. Outra forma de interferir é comprar papéis que impliquem em poder de decisão, além da mera participação nos lucros. Dessa forma, o investidor, através do seu representante no conselho diretor, poderá redirecionar a companhia para o caminho ideológico de seu interesse.

Aumentar ou diminuir a taxa de câmbio é outra possibilidade. Grandes investidores internacionais, ao entrarem em um determinado país, em busca de taxas de juros atrativas, a exemplo do Brasil, fazem o dólar baixar, o que resulta em menor inflação e um ambiente econômico mais estável. Havendo debandada dos investidores, preferindo, assim, trocar seus reais por dólares novamente, saindo do país, o inverso acontece, ou seja, o dólar sobe, a inflação cresce e o ambiente econômico se torna instável.

Há, ainda, maneiras mais diretas de ajudar ou prejudicar um governo nacional. Caso desejem ajudar um governo específico, os investidores irão comprar títulos públicos, renegociar os papéis, participar como garantidores de projetos público-privados de infraestrutura, comprar participações em estatais, emitir seguros e dar a credibilidade internacional necessária a um bom governo.

Se, ao contrário, quiserem derrubar o governo, ou enfraquecê-lo, farão o oposto. Tentarão reduzir a credibilidade do presidente, rebaixar a nota de crédito do país (*rating*), criarão mais exigências para a compra de títulos públicos, além de participar no capital de ONGs, milícias e demais instituições que sejam abertamente contra o governo.

Ao realizar operações que visem mais ao poder do que ao puro lucro, certamente os investidores criarão pretextos racionais e relatórios que justifiquem tais ações, sem jamais manifestar o objetivo oculto, que, em realidade, ficará claro para muitos. É que, ao agir discretamente, a contraparte não poderá acusar os investidores de conluio, atacá-los expressamente ou mesmo processá-los judicialmente.

Há diversos casos de investidores, como George Soros, que possuem outros braços não-financeiros, como ONGs, fundações e empresas paralelas, que atuam de forma conjugada com a matriz investidora. As fundações são uma ótima maneira de proteger o patrimônio, pois não pagam impostos, podendo realizar operações e "doações" com certa liberalidade, de forma semelhante ao que ocorre com igrejas e templos.

Soros, o nosso exemplo acima, é dono da Open Society Foundations. Warren Buffett, em outro exemplo, além de criar a Fundação Buffett, adquiriu ações do Washington Post, sendo membro do conselho. O Washington Post, um dos principais jornais americanos, pode, com apenas uma das suas manchetes, alterar a dinâmica do mercado, sendo conveniente para um investidor controlar tal veículo de imprensa.

5.5 Ganhar poder intermediando

Os intermediários, no decorrer das suas tarefas, acumulam muitas informações, inclusive acerca da intimidade de empresas e pessoas, além de estabelecerem um vínculo obrigatório via empréstimos e endividamento. O acúmulo de informações permite a vigilância, e os empréstimos podem levar a uma "escravidão" por dívidas, sendo estas as 2 grandes vertentes do poder da intermediação.

Sendo a cada dia mais digitalizado o sistema de pagamentos vigente, com registros de todas as compras e negócios realizados pela sociedade, em processamento centralizado, que tipo de poder tem o gestor deste sistema? Saber tudo sobre alguém permite denunciá-lo, chantageá-lo, roubá-lo, controlá-lo ou repassar a terceiros esses dados, como o próprio governo. A parceria entre bancos e governos é conhecida.

No séc. XXI a tendência é digitalizar cada dia mais o mercado financeiro e a moeda. Diversas propostas acerca de uma moeda digital vêm sendo avaliadas e testadas, o que tornaria o papel moeda obsoleto. Este garantia certa privacidade, pois uma negociação em dinheiro vivo dificilmente era detectável. No futuro será mesmo possível associar pagamentos realizados, localização física e cruzamento de dados entre todas as pessoas, dando com precisão as atividades das empresas, e, além disso, permitindo uma tributação 100% efetiva.

O endividamento geral, por outro lado, é algo desejável, para o objetivo de poder. Quanto mais governos, pessoas e empresas tomarem dinheiro dos bancos, mais poder sobre esses governos, pessoas e empresas os bancos passam a ter.

Os governos podem aumentar o endividamento através de orçamentos inchados, projetos de infraestrutura e guerras. Estas tem a dupla função de forçar a dívida para o armamentismo nacional e de pressionar o pagamento dos juros devido à possibilidade de os bancos financiarem seu inimigo.

As pessoas podem aumentar o endividamento se incentivadas a uma cultura de consumismo e baixa poupança, ao lado de taxas de juros artificialmente baixas. As empresas, da mesma forma, se endividam com as taxas de juros muitas vezes negativas, ou seja, abaixo da inflação, e com os problemas de caixa devidos à burocracia estatal e ambiente de negócios desfavorável.

As condições ruins acima mencionadas, que levam ao endividamento, são, de forma oposta, benéficas para os intermediadores financeiros. Assim, caso as guerras não ocorram naturalmente, podem ser criadas pelas partes beneficiadas.

A título de exemplo, temos os constantes conflitos bélicos no Oriente Médio, muitos deles sem um propósito claro. Mesmo a 1ª e a 2ª guerras mundiais tiveram motivações, aos olhos da população, pouco compreendidas, sendo eventos sem precedentes em termos de destruição gratuita, genocídios e modificações culturais.

Instituições multilaterais como o Fundo Monetário Internacional (FMI), o Banco de Compensações Internacionais (BIS) e o Banco Mundial, dentre outras, permitiram organizar e aumentar ainda mais o poder dos banqueiros internacionais. Dessa forma, uma distribuição mundial da riqueza, em forma de planejamento central socialista, se tornou operacional. A intervenção nos países, com consequente retirada de soberania, foi legitimada e normalizada.

Assim, a forma de adquirir poder através da intermediação é conquistando clientes, que, convencidos pela ideia de dinheiro fácil ou serviços quase gratuitos, possam se comprometer. Assim serão equivalentes a escravos modernos, refinanciando suas dívidas a cada dia, sem nunca quitar o principal, e cedendo seus patrimônios para alienação em garantia, transferindo-os ao final.

Há potencial para controlar a vida de todos, ao vincular o sistema de pagamentos aos demais sistemas sociais. Cogita-se exigir não somente garantias em dinheiro, mas alterações de comportamento em prol da adequação e da liberação de utilização do dinheiro, a cada dia mais virtual.

Em um futuro distópico, um indivíduo não adequado ao mundo ideal do cartel de banqueiros, poderia ser "desligado" com apenas um clique, perdendo todas as suas posses instantaneamente. Seria, nesse caso extremo, impossibilitado de comprar, vender ou utilizar produtos e serviços.

5.6 Ganhar poder participando do Estado

O foco do Estado é o poder, afinal, tem condições de, no limite, imprimir dinheiro. Recursos financeiros nunca faltarão.

Há diversos poderes exercidos pelo Estado perante o cidadão, sob pretexto de garantir o "interesse público": poder de legislar, poder de tributar, poder de expropriar, poder de controlar o tráfego, poder de liberar a saída e entrada no território, poder de encarcerar, poder de matar e poder de vigiar. Vejamos cada um deles.

O poder de legislar é exercido pelos políticos. Estes passam então a produzir leis, que se acumulam com as leis já existentes, ditando o que pode e o que não pode ser feito no país. Exemplo: edição de lei que proíba de fumar em parques e praias.

O poder de tributar é exercido pelos auditores da Receita Federal, bem como demais Fiscos estaduais e municipais. Dessa forma, um montante da riqueza de cada pessoa pode ser compulsoriamente apropriado e usado pelos políticos. Exemplo: taxação da comida servida em restaurantes, fazendo cada cliente pagar uma parte ao estabelecimento e uma parte ao governo.

O poder de expropriar pode ser exercido pelos mais diversos agentes governamentais, desde policiais, bombeiros, agentes sanitários, juízes etc. Assim, a propriedade privada é sempre algo instável e passível de dilapidação arbitrária. Exemplo: expulsão de uma família da sua casa, mediante ressarcimento, para construir uma estrada no local.

O poder de controlar o tráfego e o trânsito é exercido pela polícia e pelos agentes de trânsito. Ruas podem ser desviadas, trocado o sentido do trânsito de veículos, fechado o acesso, pessoas podem ser impedidas de utilizar praças ou andar em determinadas ruas. Exemplo: permissão de apenas ciclistas utilizarem determinada rua aos domingos, sendo proibidos os carros.

O poder de encarcerar é exercido pela polícia, com chancela judicial, em caso de prisão preventiva, ou pelos juízes, em caso de sentença de prisão transitada em julgado. Ou seja, uma pessoa, antes livre, agora será confinada em uma instalação do governo. Em alguns casos há o sentimento de justiça, em outros apenas indiferença diante de algum erro processual. Exemplo: condenação à prisão de homem por não pagar pensão alimentícia.

O poder de liberar a saída e entrada no território é exercido pela polícia federal, em portos e aeroportos. Navios, veículos e aviões serão sempre avaliados, caso a caso. Exemplo: proibição de saída do país para alguém que não esteja portando o passaporte emitido pela polícia federal.

O poder de matar é exercido primeiramente pela polícia, e, em segundo lugar, pelo exército. Estas forças estatais precisam a todo momento decidir a quem perseguir e a quem matar, dentro da interpretação da lei. Exemplo: carro metralhado por furar bloqueio policial.

O poder de vigiar é utilizado tipicamente pelas agências de inteligência. Estas agências, sob argumento de garantir a segurança nacional, tem carta branca para abrir correspondências, hackear e-mails e redes sociais, revirar lixo, instalar escutas, grampear telefones e, se necessário, torturar indivíduos para obtenção de informações.

Cada um desses segmentos de poder tenderá a crescer em influência. Afinal, reduzir espontaneamente o poder nenhuma pessoa ou empresa fará, muito menos o Estado, este criado através do monopólio da força bruta, restando apenas a opção de aumentar o próprio poder. No caso extremo, surge um governo totalitário, que poderá agradar as demandas de poder dos mais diversos agentes públicos.

A pressão por cada vez mais regulação, mais intervencionismo, mais burocracia, fará o Estado investir em pesquisas, através de empresas parceiras, nos ramos de cibernética, informática e biotecnologia, de forma a controlar mais aspectos da população. A ideia é mapear as pequenas ações de todas as pessoas e empresas, para, assim, abrir margens novas para tributar e criar vínculos, em troca de mais taxas e limitações.

5.7 Ganhar poder em corporações

As corporações têm o potencial de controlar a vida das pessoas em todos os aspectos imagináveis. Fala-se em potencial, pois a tecnologia ainda não permite ler e editar pensamentos alheios.

Se é possível controlar o que uma pessoa come, onde ela mora, que tipo de informação tem acesso, aonde pode ir, que tipo de emprego pode ter, quais drogas ingere, há um significativo poder exercido por corporações sobre indivíduos.

Há a impressão, por parte da sociedade, de que as grandes empresas atuam de forma aleatória, sem compartilhamento e sem decisões em conjunto. É uma ilusão necessária, que dá a credibilidade necessária para o mercado funcionar, mesmo porque pequenas e médias empresas atuam, de fato, de forma atomizada e sem coordenação.

Em realidade, o mercado é, a cada dia, mais concentrado. Poucos conglomerados controlam a produção e distribuição. Como exemplo, em 1983, 90% da mídia americana era controlada por 50 empresas. Em 2011, a mesma fatia era controlada por 6 empresas: GE, News-Corp, Disney, Viacom, Time Warner e CBS. A atuação em bloco também é amplamente documentada.

A ilusão complementar é a de que todos são livres para escolher o que fazer, onde comprar, como se movimentar e para escolher sua profissão. De fato, há um leque pré-estabelecido de opções, e se pode direcionar para uma delas. Podemos beber alguma das marcas de refrigerantes, como Pepsi ou Coca-Cola, escolher um filme da Warner Bros ou da Disney, comprar um carro da Ford ou da Wolkswagen etc.

Ou seja, não há a opção, muitas vezes, de não escolher. A população se acostumou com a ideia de que 5 marcas demostram uma variedade, quando poderíamos ter centenas de marcas.

A verdade é que a liberdade individual é muito restrita. O ensino escolar não repassa habilidades importantes, como, por exemplo, cozinhar, costurar, cultivar alimentos e empreender. Ocupa em torno de 15 anos da vida das pessoas. Ao sair da escola, tudo que se pode fazer é trabalhar em alguma função pré-estabelecida, como vendedor, operador de caixa e outras poucas.

Com o dinheiro que se recebe trabalhando, os cidadãos creem estar criando um estilo próprio, mas o que se vê é um padrão de vestuário: jeans, camiseta básica e algum acessório. Todos diferentes e todos iguais.

Da mesma forma ocorre com o gosto musical. Um ouve rock gótico, o outro prefere Beatles, enquanto um terceiro gosta de pop, mas a forma musical é a mesma nos três casos, longe da complexidade de um Beethoven.

Se o poder máximo que um homem pode exercer sobre o outro é através da relação de escravidão, o controle corporativo sobre a população se aproxima muito disto. A dependência física e mental é quase total.

As grandes empresas e seus respectivos donos se organizam, ainda, em clubes, para sincronizar suas agendas e obter eficiência. Há os encontros oficiais, como o G7 e o Forum Economico Mundial, e os encontros discretos com o grupo Bilderberg e a Comissão Trilateral.

O chamado grupo Bilderberg poderia ser definido como uma conferência anual, inacessível à população, complementar aos encontros públicos e abertos, como o G7, este também anual, em locais e datas próximas. Há presença recorrente da elite financeira, política, empresários, donos da mídia e agências de notícias (CNN, Fox News, Newsweek, Time, The Washington Post, The Wallstreet Journal, Reuters etc), oficiais da Organização Mundial do Comércio, do *Federal Reserve*, empresas ligadas ao petróleo, dentre outras figuras chaves de diversas partes do mundo.

Podemos, ainda, mencionar o comparecimento, de reis, rainhas, príncipes e princesas, presidentes e primeiros ministros, diretores do Fundo Monetário Internacional (FMI) e do Banco Mundial, senadores americanos, membros do Conselho de Relações Exteriores (CRE), participantes de comissões da União Europeia, jornalistas, âncoras da TV, CEOs de corporações internacionais e comandantes da Organização do Tratado do Atlântico Norte (OTAN).

Há também muitas instituições financeiras representadas nos encontros anuais como o European Central Bank, World Bank, IMF, o Federal Reserve, Chase-Morgan, Citibank, Bank of America, Bank One, Bank of Tokyo, Bank of Japan e mais. Acrescentemos a representação de corporações como Fuji Xerox, Goldman Sachs, AIG, Exxon-Mobil, Shell, Chevron, Texaco, Sony, Samsung, Comcast, Time Warner, Carlyle Group, Levi-Strauss, Daikin, Sara Lee, GE, GM, Ford, Chrysler, Toyota, Mitsubishi, Johnson and Johnson, IBM, Boeing e Citigroup.

Além do poder direto sobre as pessoas, as corporações têm também foco em controlar os recursos mundiais, como energia, água e terra, além da própria ciência, ditando o que pode e não pode ser publicado, através de universidades e revistas parceiras.

6. Formas de ganhar dinheiro

Ganhar dinheiro é uma arte. Da mesma forma que alguns possuem habilidade para cantar e outros sabem construir, há quem possua o talento para ganhar dinheiro.

O dinheiro se multiplica no fluxo, e não parado. É preciso fazê-lo ir de um lado para o outro, como um pássaro inquieto, de forma a nunca se acomodar. Há alterações constantes entre as possibilidades, fazendo as escolhas de investimento necessitarem ser atualizadas a todo instante.

Dinheiro estagnado implica custo de carregamento para quem o segura. Dinheiro em movimento, no tempo e no espaço, cria uma taxa de retorno, ou juros. Qualquer bem sem uso, inclusive dinheiro, deprecia, ou seja, perde progressivamente valor. Qualquer bem que ganhe utilidade, ao contrário, aumenta seu valor.

Ou seja, aquele que ganha dinheiro o faz circular, trocar de mãos e consegue aproveitar, ao mesmo tempo, as oportunidades. E ainda, como um mágico, faz a atenção do público se voltar para um ponto, enquanto tudo acontece em outro.

Resolver um problema e ser pago por isso é mais do que uma operação lógica. É a percepção de resolução do problema que faz o pagamento ser realizado. A tomada de decisões é sempre emocional. A razão dá opções, e o irracional escolhe.

A confiança do cliente ou devedor gera a vontade de pagar, daí quem quer ser pago ter que inspirar confiança. Alguém carismático que parece ter resolvido o problema, eis quem recebe recursos.

O ganho de dinheiro vem da desigualdade. É preciso que muitos não saibam ganhar dinheiro, para que poucos possam ganhar. Infelizmente, uma sociedade composta exclusivamente por CEOs, grandes financistas e generais colapsaria. São necessários trabalhadores braçais, correntistas e soldados para complementá-los, respectivamente.

É necessário também entender em que camada social se está, para saber o que fazer. Sendo um trabalhador, o dinheiro é ganho de uma forma. Sendo uma empresa, de outra forma, e assim por diante.

6.1 Ganhar dinheiro trabalhando

A primeira regra é ser insubstituível. Quanto maior a oferta de pessoas parecidas com um trabalhador específico, menos ele ganha, e maior a probabilidade de ser demitido. A empresa ou organização deve ter a percepção de que aquela pessoa é necessária, imprescindível ao negócio, e que seria muito custoso encontrar e treinar um substituto.

Atitudes valorizadas e reforçadas são o empenho com o trabalho, a pontualidade, o envolvimento com as metas organizacionais e a eficiência. Quanto mais dedicado, trabalhando além das horas previstas, praticando um bom relacionamento interpessoal, vendendo os produtos da empresa, mais um trabalhador será bem sucedido em sua área de atuação. Eventualmente, haverá impacto financeiro, com sucessivos aumentos salariais em mudanças de cargos, comissões e participações nos lucros.

Existem 3 caminhos para um trabalhador: empresas privadas, ser autônomo e setor público. Cada um desses caminhos tem suas peculiaridades, mas a semelhança é que é preciso desenvolver habilidades para agregar valor a si mesmo.

Para ser bem sucedido em empresas privadas é preciso primeiro morar em um local que tenha economia de mercado, uma sociedade capitalista, como a que vemos nos Estados Unidos. Estando em local propício, de início um ambiente familiar próspero pode ajudar tanto com a matrícula em boas escolas quanto garantindo o acúmulo de experiência de vida, viagens, aprendizado de idiomas, informática e bons contatos no mercado de trabalho.

Formando-se em uma boa universidade, falando alguns idiomas de forma fluente, tendo estagiado em boas empresas do ramo e indo bem nos processos seletivos é garantida uma carreira sólida, com bons e crescentes salários. Ao menos, até começar a envelhecer, quando será demitido, devendo, por isso, ter uma reserva para a aposentadoria.

O autônomo segue a mesma regra do empregado em empresa privada, em termos de formação educacional, habilidades e contatos. A diferença é que o risco é maior, não tendo cobertura social da legislação trabalhista, além da necessidade de construir um nome no mercado.

Com o tempo, e tendo bons resultados com os clientes, seu nome será referência, como uma autoridade na área, e o valor cobrado por hora trabalhada tenderá a crescer. Este nome, um ativo intangível, poderá ser repassado, na velhice, aos filhos, que continuarão, agora com um passo à frente, as carreiras de advogado, médico, engenheiro etc.

Para ser um trabalhador do setor público, o caminho é diferente. Estando em sociedades com perfil socialista, a exemplo do Brasil, são encontradas mais oportunidades de trabalho no governo.

Um perfil mais antissocial, com habilidades cognitivas acima da média, mesmo sem estudar em boas escolas, pode adquirir as habilidades necessárias para aprovação em um concurso público de alto padrão. Estes certames demandam conhecimentos profundos em muitas áreas simultaneamente, exigem disciplina para cumprir o conteúdo ao longo de anos, controle emocional nas provas e persistência para, em caso de não ser aprovado, fazer até passar.

Toda dificuldade no processo de aprovação será revertida positivamente, uma vez dentro do cargo público. A exigência de metas, volume de trabalho e estresse é notoriamente menor, em relação ao setor privado, com salários médios semelhantes ou, em muitos casos, maiores.

É preciso ter, em quaisquer das áreas mencionadas acima, a complexa habilidade de cumprir, sem questionamento, as ordens dos seus superiores ou contratantes, ao mesmo tempo em que os surpreendem, adivinhando o que querem. Espera-se honestidade, ao menos em relação à organização em que está, dedicação exclusiva e inteligência para resolver problemas específicos que surgirem.

Poderíamos resumir em 2 atributos: submissão e produtividade. Quanto mais submisso e produtivo um trabalhador for, mais ele é recompensado, inclusive financeiramente.

6.2 Ganhar dinheiro na tecnocracia

Na tecnocracia, as estratégias de ganho financeiro variam, dependendo da área em que se atua. Vejamos as principais: academia, ciência, jornalismo, arte, sindicalismo, marketing digital e burocracia de livre nomeação.

Na academia, uma carreira é construída aos poucos e com persistência. As áreas com aplicabilidade prática, como engenharia, enfermagem, contabilidade etc, não são as preferidas dos tecnocratas. Afinal, após a graduação, há um retorno ao mercado de trabalho e utilização dos conhecimentos aprendidos, na indústria, na clínica e em demais áreas econômicas.

Deve-se escolher, preferencialmente, áreas sem utilidade prática imediata, como filosofia, sociologia, letras etc. Certamente disciplinas como, por exemplo, a filosofia e a teologia, são nobres, mas acabam distorcidas devido a maus elementos aproveitadores. Optando por áreas sem métricas de desempenho, ganha-se tempo.

A academia para o tecnocrata é uma segunda casa. Ele, como normalmente não trabalha, pode participar de todas as reuniões abertas, ser membro do diretório acadêmico, conhecer os professores, acompanhar aulas eletivas, criar laços e *networking* com os funcionários da universidade, tornando-o querido por todos.

Quando surgir uma vaga para professor nessa universidade, provavelmente, será selecionado pela banca avaliadora, que o conhece e tem amizade pessoal com ele. Após estar apto a lecionar, poderá aspirar a cargos de direção, como diretor de departamento, coordenador e, até mesmo, reitor, desde que tenha boa capacidade de comunicação e oportunismo.

Cada etapa na academia implica em ganhos salariais adicionais, somados às verbas públicas destinadas a projetos específicos, gerenciados por ele. Fora essa renda fixa, que já é muito boa, pode vender livros, palestras em empresas e cursos, divulgados na mídia parceira.

O tecnocrata cientista, outra vertente de atuação, pode advir da academia, seguindo os passos acima, ou se desenvolver em uma empresa privada, por exemplo, na indústria farmacêutica.

Um cientista ganha dinheiro servindo à elite. Se entregar algo útil para a agenda dos banqueiros, políticos, corporações, nobreza e demais ramos da alta hierarquia, será recompensado financeiramente, sem dúvida. Ao contrário, se trabalhar em algo que contraria a agenda da elite, será perseguido, demitido e ridicularizado, antes de ser esquecido.

É que é possível, sem comprometer fundamentalmente a qualidade do trabalho, provar cientificamente duas teses contrárias. Pode-se concluir, com dados válidos, a título de exemplo, que a violência contra a mulher tem aumentado, ou o inverso, qual seja, que a violência contra a mulher tem diminuído, utilizando pequenas modificações no tratamento estatístico.

O cientista que pretenda ganhar dinheiro, precisará seguir, entre duas ou mais opções, no sentido desejado pela alta hierarquia social. Assim, será recompensado financeiramente, citado nas grandes revistas, entrevistado por repórteres e aclamado pela população.

A carreira de jornalista, por sua vez, demanda menos conhecimento, publicações e provas de capacidade técnica. Claro, há uma vertente de especialistas na imprensa que precisam demonstrar conhecimentos e currículos, mas são minoritários e não são os mais bem pagos. Um bom jornalista deve investir na aparência física e em presença nas redes sociais, além, naturalmente, de escrever e falar bem.

Na imprensa, o mais importante é construir uma credibilidade. Uma vez atingido esse ponto, pode-se falar quase o que quiser, e todos entenderão que aquele é o "fato", a interpretação oficial da realidade. A regra é: quanto mais credibilidade, mais dinheiro.

Os anunciantes querem se vincular a empresas "confiáveis" e os consumidores também querem comprar informações exclusivas "confiáveis". Diversos subprodutos vão criando fontes de renda adicionais: revistas, edições especiais, feeds de notícias, canais assinados, podcasts etc. Um único cliente, se for conquistado, comprará todos os produtos.

Sobre a arte, outra área mencionada, a preocupação, para ganhar dinheiro, é aliar algum talento com habilidades de vendas e trânsito político. Se for talentoso apenas, dedicando 100% do tempo à sua arte, certamente obras incríveis poderão surgir, mas há o risco de que ninguém saiba delas, não tendo oportunidade de as expor.

Assim, ter um bom *marchand* como parceiro pode alavancar as vendas das suas obras de arte. Ou, na música, ter um bom empresário, pode tornar a sua banda referência nacional em um determinado estilo musical, alavancando as vendas de ingressos.

Contatos políticos podem mobilizar o Ministério da Cultura no sentido de auxiliar sua carreira, garantindo patrocínio para a sua fundação cultural. O *networking*, em qualquer modalidade artística, fará surgir oportunidades ou aprovações em seleções, como para o ator de um importante filme, por exemplo.

No sindicalismo a influência das conexões políticas é total. É através dos congressistas que contribuições e impostos poderão ser direcionados para sindicatos, enriquecendo estes.

E, por outro lado, sindicalistas poderão adentrar a política partidária, com seus apoios previamente construídos. Os sindicatos são vistos pelos políticos como um instrumento de engenharia social, além de um "curral" eleitoral, pois, se feita a propaganda corretamente, toda uma classe votaria em determinado partido ou político.

O influenciador digital, através do marketing digital, ganha dinheiro com tráfego de dados, pois este repercute em anúncios, a serem retornados em pagamentos financeiros, pela administração da internet, Google, Youtube, Facebook e empresas do gênero.

Também ganha dinheiro com *merchandising*, atuação em campanhas de interesse do governo, patrocínio direto de empresas privadas, venda de seus próprios produtos, como cursos e livros, comissão na venda de produtos de terceiros, comerciais na TV e muitas outras variações.

O último tipo de tecnocrata mencionado, o burocrata de livre nomeação, tem esse nome porque preenche cargos públicos que não precisam de concurso público para serem ocupados, bastando, conforme a própria lei, a indicação de outro burocrata autorizado a nomeá-lo. No Brasil, pode ser indicado para fundações, governo federal, empresas públicas etc, havendo muitas outras possibilidades. Na Europa, pode ocupar cargos em Bruxelas, ou seja, na burocracia da União Europeia.

Além do valor fixo do salário, que já é alto, muitos tecnocratas burocratas se tornam milionários, através da corrupção, venda de favores, informações privilegiadas, criação de empresas paralelas etc. Uma pequena modificação na legislação, por esse tecnocrata, pode levar à falência um ramo econômico inteiro, daí o assédio dos lobistas, que pagarão valores altos em troca da viabilidade dos seus negócios.

6.3 Como ganhar dinheiro empreendendo

Para uma empresa ser lucrativa, precisa cumprir corretamente 3 aspectos, ao definir seus processos, produtos e público alvo: eficiência, eficácia e efetividade. E, além disso, deve mensurar corretamente os diversos riscos que a afetam: risco de mercado, risco legal, risco político, risco país, risco de imagem e risco operacional, dentre outros. Vejamos a seguir um pouco mais sobre cada um desses conceitos.

O primeiro passo, naturalmente, é definir corretamente os processos, produtos e público alvo. Partindo do fim para o início, é preciso identificar uma demanda não atendida na sociedade.

Encontrando essa demanda não atendida, como, por exemplo, a necessidade de uma clínica de veterinária em um bairro que não possui nenhuma, avaliar sua viabilidade. O público alvo pode ser determinado na sequência: pessoas que possuem cachorros e animais de estimação, normalmente de meia idade, solteiras etc. O último passo é dimensionar a nossa clínica hipotética, determinando o tamanho, número de funcionários, preço e método de trabalho. É aconselhável o uso de pesquisas de mercado, amostragem, entrevistas etc.

Ser eficiente significa produzir um item X com o mínimo desperdício, tanto em termos de tempo gasto, quanto de quantidade de energia, quantidade de pessoas envolvidas e de matéria-prima usada. Se, após determinado tempo, o mesmo item X for produzido com um desperdício ainda menor, a eficiência aumentou. Exemplo: a criação de um website antes levava 2 dias, utilizando 2 programadores, e, agora, vamos assumir que é feito em 1 dia, utilizando apenas 1 programador.

Ser eficaz é fazer a coisa certa. Uma empresa pode, utilizando o mesmo exemplo anterior, ter um funcionário que, em um determinado dia, criou em tempo recorde um website para o cliente, mas seu supervisor descobre, no dia seguinte, que o pedido do cliente era outro: configurar a sua rede social. Ou seja, foi eficiente, mas ineficaz. A empresa como um todo pode incorrer no mesmo erro, por exemplo, ao abrir com eficiência um restaurante de frutos do mar, mas descobrindo, ao longo do tempo, que a preferência da população daquele local era por comida italiana.

Ser efetivo é ir um grau acima. Além de produzir sem desperdício e fazer a coisa certa, criar um efeito concreto positivo. No exemplo do restaurante, criar um restaurante em que todos os funcionários são ágeis, o custo é baixo e a comida atende uma demanda daquela comunidade, sendo, por fim, saborosa. Efetividade pode ser considerada a combinação da eficiência com a eficácia, sendo esse resultado maior que a soma das partes, gerando fidelização dos consumidores e lucros crescentes.

Medir corretamente todos os riscos também é fundamental para o sucesso financeiro de uma empresa. Para cada risco, deve haver uma contrapartida em termos de proteção (*hedge*). Exemplo de proteção: importar e vender alguns produtos para seu próprio país, ao mesmo tempo em que produz nacionalmente outros produtos e os exporta. Vale o dito popular, "não deixar todos os ovos em um mesmo cesto".

Risco sistêmico é aquele que se relaciona a oscilações nas taxas de juros, preços das commodities e taxas de câmbio, que afetem a disponibilidade de crédito, liquidez e custos, bem como receitas vinculadas a preços de mercado. Risco legal é a possibilidade de alguma alteração legislativa afetar o funcionamento do negócio, em alguns casos até mesmo inviabilizando. Risco político é a estabilidade do governo, disputas políticas e como poderia influenciar o ambiente de mercado em que a empresa atua. Risco país engloba aspectos difusos como burocracia, ambiente de negócios favorável, segurança pública e clareza das regras. Risco de imagem é o gerenciamento de eventuais crises com a imprensa, reclamações ou boatos na comunidade que possam comprometer a lucratividade. Risco operacional envolve erros internos dos funcionários, decisões inadequadas e falhas de planejamento que possam ocorrer.

Assim, a rentabilidade financeira envolve ataque e defesa, em uma analogia com o esporte. Ataque é determinar o público alvo, trabalhar as vendas e o pós-venda. Defesa é determinar os diversos riscos envolvidos, mensurá-los e criar medidas de proteção.

E, claro, oportunismo, liderança e competência são requisitos gerais dos administradores da empresa, para um posicionamento sustentável no mercado.

6.4 Como ganhar dinheiro investindo

O trabalho consiste em alocar dinheiro em ativos que irão crescer, e retirar o dinheiro de ativos que irão decrescer. É preciso vigilância constante, sangue frio e senso de oportunidade (*timing*).

A cada dia o operador abrirá o sistema e acompanhará os gráficos das bolsas de valores (Wall Street, NASDAQ, CBOT etc), relatórios das agências de risco (S&P, Moody's e Fitch), matérias das agências oficiais de notícias (Reuters, Bloomberg e Associated Press), medidas do governo do seu país e dos principais países, variações das principais moedas (euro, dólar, libra esterlina etc) e os diversos índices usados pelos demais operadores (IPCA, CDI, IBrX-1000 etc). Em seguida, irá adequar sua posição no mercado às novas informações obtidas. Isso a cada dia e, se possível, diversas vezes ao dia.

Sob outro aspecto, para uma pessoa ou empresa serem bem-sucedidas no investimento, deve-se possuir mais informações que os outros *players*, ter uma equipe mais competente e mais dinheiro prévio. Vejamos um pouco mais cada uma dessas características.

Para possuir mais informações que os demais "jogadores", o investidor deverá criar uma rede de relacionamentos informais, para saber, com certa antecedência, quais os lançamentos de ações que ocorrerão (IPOs), quais os bastidores das administrações das principais empresas com capital aberto, podendo ir além dos documentos publicados e, por fim, o que pode ser ilícito, usar investigadores para saber o que ninguém sabe, desde hackers, empregados infiltrados na concorrência, propina ou, até mesmo, manipulação psicológica.

Uma equipe competente certamente deverá saber toda a teoria das finanças e áreas correlatas, ter experiência, mas não apenas isso. É preciso, com vimos acima, ter boa comunicação, para conversar com pessoas do segmento, além de, tecnicamente, ter capacidade superior aos computadores. As únicas maneiras de superar as máquinas no setor de investimentos são usando a intuição e obtendo informações extraoficiais.

O dinheiro que se possui quando se torna investidor é um dado de entrada, não se podendo fazer muito a respeito. Invariavelmente, quem possui mais dinheiro consegue taxas melhores, gerentes bancários exclusivos, atendimento mais ágil pelos órgãos de controle do governo e mais opções de produtos, pois estes são divididos por faixas de valores.

Quem tem mais recursos, tem todas as ferramentas e todas as alternativas à disposição. Alguém com menos capacidade financeira, inversamente, tem menos acesso a informações, menos condição de contratar equipes qualificadas e menos alternativas de produtos de investimento, para alocar seu capital.

E como formar carteiras de investimento seguras e rentáveis? Para criar o que se chama de carteiras convexas é preciso posicionar e adquirir diversos ativos que permitam ganhar mais do que perder, além de, em caso de perda, haver um mecanismo de controle (*hedge*) que limite esta perda.

Um exemplo simplificado é comprar ações de empresas importadoras e exportadoras, pois tanto em caso de subida quanto de queda da taxa de câmbio, o valor médio não se altera muito. Naturalmente, os investidores de sucesso montam carteiras complexas, incluindo derivativos e outras ferramentas, de forma a reduzir o risco e obter mais retornos.

E, claro, a construção de carteiras não exclui o trabalho de base, qual seja de estudar a contabilidade e o modelo de negócios das empresas do mercado e dos novos entrantes, comprando, assim, ações na baixa, de iniciantes. Em seguida, aguardará o sucesso dos negócios destes, quando poderá manter as participações e obter lucros, ou vender na alta.

É o chamado investimento de longo prazo, embasado em análises fundamentalistas. Vale, por exemplo, ficar atento às *startups*, que são abertas a novos investidores e podem gerar bons retornos.

Há uma crença comum de que o dinheiro tende a aumentar no movimento, não devendo ficar muito tempo parado. Afinal, tecnicamente, o dinheiro parado representa custo de oportunidade (*trade off*), ou seja, o "não-ganho" em investimentos mais rentáveis. Daí grandes investidores sempre estarem realocando seus recursos, em especial em um mundo globalizado, com grandes incertezas e tendências que surgem e desaparecem a cada dia.

Por fim, os ganhos ordinários em investimentos são baixos, ou pouco surpreendentes. Mas, eventualmente, em um fim de ciclo econômico, grande crise ou diante de algum evento inesperado, vemos investidores alavancarem suas fortunas, enquanto outros perdem muito.

O trabalho em tempos normais, dessa forma, é ganhar *algum* lucro e não perder muito dinheiro, aguardando o "ponto de virada" que eventualmente virá, devendo o operador do mercado financeiro estar atento aos grandes ciclos e ciclos médios. É preciso saber o momento de "entrar" e o momento de "sair" dos ativos.

6.5 Ganhar dinheiro intermediando

Podemos tratar, por um lado, da intermediação *strictu sensu*, ou seja, o setor bancário, bem como, por outro lado, da intermediação em geral, *lato sensu*, englobando toda e qualquer transação. Pode-se definir *intermediar* como *receber* coisas de quem quer *dar*, e *dar* coisas a quem quer *receber*, de forma que represente um ganha-ganha, pois os envolvidos normalmente preferirão aumentar os custos da operação em troca da comodidade e da segurança.

O comércio em geral é um trabalho de intermediação, no qual os donos de lojas retiram produtos em atacadistas localizados em lugares de difícil acesso, e os transportam, em rede capilarizada, para estabelecimentos próximos do cliente. Estes podem, assim, realizar suas compras com todo conforto e rapidez, pagando um pouco mais por essa facilidade, o que configura o lucro do comércio.

O guarda-volumes do aeroporto é mais um exemplo. As pessoas poderiam segurar suas malas por horas, às vezes dias, mas preferem pagar para que outro faça esse trabalho, dessa forma reduzindo o próprio desgaste.

Ganhar dinheiro com intermediação, portanto, é descobrir um *link*, ou mesmo cria-lo, entre dois pontos, possivelmente duas pessoas, que não realizam trocas devido a diversas dificuldades, mas que realizariam essas mesmas trocas se alguém, o intermediador, as ajudasse. As "duas pessoas" podem ser, inclusive, a mesma pessoa em momentos diferentes, como no exemplo do guarda-volumes. O intermediador, por natureza, tem a competência, a logística e os contatos que os demais *players* não tem, condição o permite atuar e cobrar suas comissões.

Os bancos, referência obrigatória no que se refere à intermediação, unem todas as características de comerciantes, agiotas e guardadores, estabelecendo um sofisticado e difundido de sistema de informações que conecta todos os *players*. Só encontra paralelo com os bancos a tecnologia em si, através principalmente da internet. Daí os bancos se anteciparem e dominarem as transações *online*, criarem *sites* eficientes e mecanismos de inteligência artificial, para continuarem relevantes.

Dentro do universo bancário, ganha-se dinheiro com receitas ordinárias e extraordinárias. As receitas ordinárias seriam os juros auferidos em operações de empréstimos a pessoas físicas e jurídicas, as comissões e os demais serviços oferecidos, como venda de moedas estrangeiras e transferências de dinheiro. As receitas extraordinárias, longe dos olhos do público, transitando entre o legal e o ilegal, seriam as operações de refinanciamento do governo, compra de títulos públicos, outras operações com o Tesouro, sistema interbancário de compensação, financiamento de grandes estatais e negócios envolvendo corporações.

Ao ter, por fim, a ideia de uma inserção no ramo de intermediação, possivelmente abrindo uma instituição financeira, a primeira constatação é a de que já há "peixes grandes" atuando no segmento, avessos a novos entrantes. Tentarão de toda forma boicotar a concorrência de fora do cartel. Por exemplo, em alguns ramos criminosos, como o tráfico de drogas, adentrar novo território e começar a vender, sem permissão do grupo dominante, pode significar a morte.

Há, vale pontuar, os banqueiros normais e os banqueiros internacionais. Até por uma questão histórica de colonização, banqueiros europeus e americanos, no que se refere a um país subdesenvolvido como o Brasil, terão prioridade nas grandes operações, deixando as pequenas e médias operações, bem como o mercado varejista de crédito, para instituições locais.

A atuação dos grandes bancos pode também ser indireta, através de instituições como o Fundo Monetário Internacional (FMI), utilizando ONGs de fachada ou mesmo os próprios bancos locais, através de intrincadas transações que ocultem quem, de fato, está operando. Em torno de metade do orçamento público brasileiro é para o pagamento de juros e amortizações de dívidas.

A opção mais óbvia para um novo entrante na intermediação é se aliar ou buscar parceria com os antigos "donos" do mercado. Dessa forma, após alguns anos de subserviência, pode-se buscar gradualmente uma atuação mais expressiva, o que é melhor do que ser ousado, e. por fim, aniquilado, falindo a médio prazo.

Outra opção, evitando confronto com grandes *players*, é buscar um nicho inédito, sendo o pioneiro no tipo de transação. É o caso daquele que encontra um novo produto, ainda não revendido e que possa agradar o público, ou de alguém que instala o primeiro banco em um povoado isolado.

Afinal, ganha-se dinheiro intermediando em função da dificuldade superada e do benefício usufruído pelas partes conectadas pelo intermediário. Estabelecer *links* difíceis e cobrar altas comissões, para cada vez mais pessoas, farão o fluxo de caixa expandir a cada dia.

6.6 Ganhar dinheiro participando do Estado

O dinheiro, em especial no mundo contemporâneo, passa pelo Estado em diversas direções e momentos diferentes. Ele converge "espontaneamente" para o Estado na forma de tributos e retenções. Além disso, o próprio Estado capta dinheiro através da emissão de títulos públicos e da impressão monetária. Por fim, haveria um retorno para a sociedade, na forma de liberação de créditos e investimentos em infraestrutura.

O Estado, assim, é como uma grande máquina processadora de dinheiro, na qual todas as transações de uma sociedade são carimbadas, tributadas e registradas. Mesmo negócios não declarados, realizados em papel moeda, terminam por utilizar a moeda emitida pelo governo, a qual sofrerá alterações de valor diante das medidas políticas. A única resistência possível seria emitir uma moeda paralela.

O Estado sempre tenderá a crescer, apesar de começar pequeno. Países como o Brasil e a Suécia, por exemplo, entregam metade da produção nacional ao Estado. Este, por sua vez, tem a única preocupação de extrair o máximo da população, mantendo a sociedade ainda funcionando. De forma análoga, o fazendeiro quer o máximo de leite da vaca, mas sem matá-la.

Dessa forma, há uma abundância de dinheiro nas mãos do Estado, o que atrai toda sorte de aventureiros, psicopatas e oportunistas para acessá-lo. O mais importante é participar do Estado, conseguir alguma assessoria, cargo político, prestação terceirizada de serviços, parceria público-privada ou indicação para comissão, dentre diversas formas de inserção.

Após entrar, é preciso disputar com os pares por fatias maiores do bolo estatal. Por exemplo, se for eleito como político, é preciso conseguir outros políticos aliados, ter a presidência de alguma comissão relevante, emplacar um amigo para um ministério com orçamento relevante etc. Se for um juiz de primeiro grau, tentar uma indicação para cortes superiores. Se for uma construtora, participar do cartel de empresas que vencem as licitações. Esses movimentos irão permitir valores negociados em propinas a cada dia maiores.

O dinheiro pode ser obtido pelas vias legais também. Os próprios salários, adicionais e verbas indenizatórias previstas em lei e pagas a juízes, procuradores, políticos, chefes e assessores já são altos e suficientes para um padrão elevado de vida.

Caso o membro do Estado pretenda ser milionário, ou bilionário, no entanto, necessitará entrar na esfera ilegal. Será preciso receber valores de todas as empresas vencedoras em licitações, de forma a efetivar seus contratos e desburocratizar os processos. Liberações de senhas por parte de empresas deverão ser pagas em caixa dois, andamento de processos também serão cobrados e, no caso de juízes, sentenças e solturas serão vendidas e cobradas "por fora", de acordo com os benefícios gerados.

O Estado como um todo aumenta suas receitas criando novos impostos e aperfeiçoando o sistema de cobrança, investindo na fiscalização. Uma grande inovação, no caso do Brasil, foi tornar cada cidadão um fiscal de tributos pois, no ICMS, imposto sobre transações com mercadorias, cada empresa cobra a nota fiscal da outra, sem necessitar de um agente do Estado.

A inflação é outra fonte de renda. Há o poder de criar inflação, por parte de quem emite a moeda, caso do Banco Central estatal. Quem cria inflação expropria os que não tem esse poder. Afinal, quem emite a moeda, o governo, a usa com valor antigo, sendo que o último a receber a moeda impressa, o povo, a recebe desvalorizada. Em outras palavras, sendo mais claro, trata-se de ganhar dinheiro imprimindo dinheiro, a forma mais simples de enriquecer.

Transações obscuras com governos estrangeiros, com o Fundo Monetário Internacional (FMI) e demais operações envolvendo bancos, ONGs e entidades multilaterais, podem render valores, em termos de corrupção, elevadíssimos. Certamente, é preciso um "teatro" em termos de "ajuda" financeira, problemas humanitários, lançamento de satélites, algum tipo de evento, enfim, que justifique a movimentação de grandes volumes financeiros.

A ideia final é que tudo que ocorra na sociedade seja registrado e, de alguma forma, cobrada uma taxa. Atividades realizadas gratuitamente, como uma esposa cozinhando para o marido, não interessam ao Estado. Neste exemplo, funciona melhor que a esposa trabalhe, além, naturalmente, do marido trabalhar, e a família toda, no fim do dia, vá a um restaurante comer. Assim, tributa-se o trabalho do marido, tributa-se o trabalho da esposa e tributa-se o serviço do restaurante.

Da mesma forma, melhor para o Estado que as crianças sejam educadas, ao invés de em casa, em uma escola, na qual além de gastar dinheiro, tendo a devida taxa estatal debitada, poderão ser doutrinadas conforme as normas educacionais do governo.

6.7 Ganhar dinheiro nas corporações

Os ganhos financeiros específicos das corporações são devidos a: preços altos monopolistas, produtos de baixa qualidade relativa, mercados exclusivos, falsas necessidades impostas por Estados parceiros, imposição cultural e propaganda subliminar.

A utilização de preços mais altos se deve à anulação da concorrência e eventual união na forma de cartel. Assim, nada pode impedir as gigantes de um determinado ramo de cobrarem preços abusivos, muitas vezes nem percebidos como tais pela população ignorante. Exemplo: os celulares *smartphones* são muito caros, se comparados à média salarial, em especial em países menos desenvolvidos.

No entanto, apenas são oferecidos celulares nesse formato multifuncional, sendo todos em uma faixa de preço similar. Há duas ou três marcas que oferecem essencialmente o mesmo produto, não cabendo vislumbrar uma alternativa mais acessível em termos de preço.

A outra face da moeda, ao lado de preços altos, é a baixa qualidade relativa do produto. A título de exemplo, a gasolina é tida por todos como um produto de qualidade absoluta, funciona bem em fazer os motores funcionarem, mas a qualidade relativa nem mesmo podemos aferir.

Afinal, com o que compararíamos a gasolina, aqui nos referindo a um combustível totalmente novo, independente da indústria do petróleo e do gás? Simplesmente a gasolina foi imposta por décadas como a única opção, não cabendo questionar, medir sua performance ou compará-la.

Se uma empresa puder reduzir a qualidade do produto, ela o fará, pois o controle de qualidade demanda tempo, profissionais dedicados e pesquisa. Estes setores são caros, sendo prontamente descartados em caso de venda garantida.

Mercados exclusivos vemos em diversos setores cartelizados. Não se pode entrar nestes ramos de negócios, sem aprovação do grupo dominante, o qual tenderá a proibir novos entrantes. Alguns exemplos de setores com poucas empresas, organizadas em cartel: aviação, armamento, remédios, bancos e construção civil.

O setor bancário, no Brasil, é dominado por 3 bancos privados, quais sejam o Santander, Itaú e Bradesco, aos quais se adicionam 2 bancos públicos: a Caixa Econômica Federal e o Banco do Brasil. Ou seja, quem necessitar de um banco, se sujeitará à regra e aos preços praticados por esses poucos *players*. A população, por sua vez, vê esta realidade como um fato imutável, nem mesmo concebendo um setor bancário com centenas de instituições atuando em concorrência.

As falsas necessidades impostas por Estados parceiros trazem o aspecto de meta-estados das corporações. Pode-se, em uma parceira entre corporações e governos, criar projetos que obriguem a população a adquirir determinados produtos, a exemplo de vacinas, dispositivos de segurança em veículos, novas linhas de metrô e novos sistemas de pagamentos.

Também pode ser reduzido o poder de questionamento dos clientes, através de regulamentação do setor de seguros, da limitação das ações judiciais indenizatórias contra corporações e criação de burocracia para o confronto com grandes empresas.

A imposição cultural implica criar uma sociedade amarrada em torno de um certo estilo de vida que beneficie certas empresas. Corporações ligadas à indústria alimentícia, como a Monsanto e o Walmart, podem querer restringir a autossuficiência agrícola, obrigando as pessoas a buscarem a autorização estatal antes de criarem hortas, animais e jardins domésticos.

A ideia é que alguém que plante seu alimento é um cliente a menos, daí o Estado parceiro intervir para obrigá-lo a comprar de uma corporação. Pode-se também utilizar engenharia social e criar incentivos ao mercado de trabalho que obriguem sutilmente todos a comprarem um celular, possuírem um carro, utilizarem cartões de crédito e pagarem um plano de internet. Cada hábito que é inserido na população implica lucros para a empresa que fornece os produtos referentes àquele hábito cristalizado.

Por fim, a propaganda subliminar das grandes corporações vai muito além de comerciais de TV, merchandising e patrocínio declarado. É preciso que a propaganda não seja percebida como tal, para que tenha mais efeito.

A indústria armamentista, por exemplo, através do complexo industrial-militar americano, sempre precisou de grandes produções cinematográficas, em Hollywood, que reforçassem suas narrativas, estimulassem os jovens a servir o exército e fizessem a população pagar com felicidade os impostos destinados aos militares. Daí surgirem heróis como o Capitão América, exemplo de fidelidade ao país e compromisso em ajudar o mundo.

A indústria farmacêutica, por sua vez, precisa que a imprensa crie um cenário de epidemias, doenças e problemas biológicos, colocando os dedicados profissionais dos fármacos e laboratórios, a exemplo da Pfizer, como exemplos de amor à ciência e à humanidade. A cada problema, uma "solução" é oferecida e capitalizada.

Corporações ligadas à tecnologia (*Bigtech*), como Google e Facebook, irão reforçar o papel da tecnologia e validar seus próprios produtos como "necessidades" sociais. Essa pressão da propaganda irá se converter em bilhões, talvez trilhões, de dólares.

7. Erros mais comuns e soluções

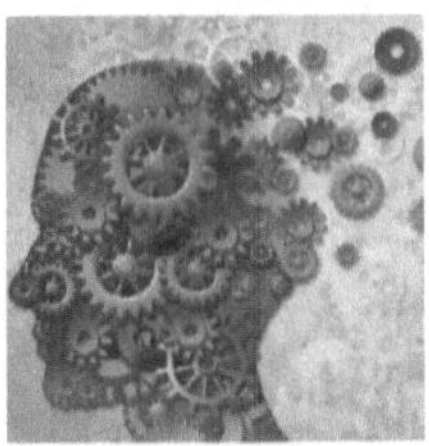

Aqui veremos dicas importantes, ou *hacks*, que, se incorporados a nossas ações e pensamentos, abrirão as portas para o entendimento e a prosperidade. Muitas vezes, uma frase criativa, conceito ou até mesmo uma piada, pode mudar toda a vida de uma pessoa.

Temos que ter cuidado com falsas dicas, que são obviedades travestidas de profundidade, como "o segredo está diante dos seus olhos", "faça o que tem que fazer", "carpe diem" ou "siga seu coração". Estas máximas até poderiam trazer algo de construtivo, mas são normalmente usadas para transmitir uma falsa sabedoria.

Toda dica deve ser contextualizada. Se um conceito é usado, deve ser preciso. Se uma narrativa é utilizada, deve ser desenvolvida e aprofundada. Não se trata de número de páginas, mas de trazer o conhecimento necessário, da forma mais concisa.

A expressão *hack* faz analogia com o processo de domínio de um sistema alheio e utilização ativa das suas ferramentas, como um *hacker* ao invadir um computador alheio. O filme A Origem (2010), de Christopher Nolan, ilustra este objetivo, qual seja implantar uma ideia na mente de alguém, adentrando seus sonhos e crenças fundamentais.

7.1 Seja realista

Na busca do sucesso, ou na realização de um objetivo, seja em termos de dinheiro, seja em termos de poder, ser realista implica um equilíbrio entre o otimismo e o pessimismo. O pessimismo funciona como freio e o otimismo como acelerador, em analogia com um carro. O realismo seria o volante e a visão da estrada, com seus buracos, curvas e sinais.

O pessimismo, na dose certa, permite baixar as expectativas. A felicidade é uma relação entre o que se espera ter, e o que se tem. Assim, reduzindo a expectativa, o saldo tende a se tornar positivo, com folga, ou seja, não precisamos adquirir nenhum produto novo e seremos mais felizes. Dentro dessa lógica, quem não deseja nada, ou não espera nada, será muito mais feliz que os demais, conforme é propagado por doutrinas como o budismo e o ascetismo.

Outro benefício do pessimismo é o humor. Ser capaz de criticar todas as pessoas, de notar defeitos em cada coisa, se aliado à inteligência, gera a comicidade. Pessoas perfeitas não são engraçadas, mas pessoas imperfeitas são divertidas e inusitadas. Alguns já notaram que o charme de cada um é também a sua loucura pessoal. O tom *blasé* é sedutor.

Mas de nada adianta estar tranquilo, bem humorado, e não conseguir realizações significativas na vida, as quais algum dia irão cobrar sua falta, como, por exemplo, escrever um livro, abrir um negócio, fazer viagens interessantes e viver romances, eventualmente ter uma família estruturada. Nesse ponto entra a necessidade do otimismo.

O otimista deixa de lado a razão do pessimista, e parte para a emoção dos românticos. Em certos momentos, é preciso fazer de qualquer jeito, tentar, podendo ser surpreendido com o sucesso. Mesmo que todos digam que não dará certo, que a lógica fria aponte uma baixa probabilidade, o otimista se lançará ao desafio. Trata-se de fazer o "impossível" acontecer.

A pessoa que expressa otimismo costuma atrair seguidores, ter uma aura agradável e carismática. Pois ela vê apenas qualidades em tudo, o lado positivo de cada acontecimento e se propõe a agir de imediato, sem planejar muito. Muitas vezes fracassa, mas termina por ter uma vida interessante, devido às boas surpresas e aos acasos que ocorrem. Mesmo diante de um fracasso, restará uma boa história.

O pessimismo extremo é a depressão. O otimismo extremo é a histeria. O realismo extremo é o homem puramente prático, nem alegre, nem triste, quase autômato. Daí a necessidade de os 3 polos se alternarem, um compensando o outro, mas prevalecendo o realismo, enquanto guia.

Em especial, quando se trata de dinheiro e poder, o mundo é duro. Pode soar lúdico alguém abrir uma loja de doces artesanais, mas se, naquele local específico, as pessoas forem pobres, ou não tiverem interesse pelo produto, o estabelecimento irá falir. Resta se render à realidade, pesquisar o que de fato as pessoas querem, como elas se comportam e o que as move, para obter ganhos financeiros e influência sobre elas.

7.2 Faça aquilo em que é bom

Há duas forças em atuação, em cada pessoa: a emoção e o talento. Por um lado, a emoção satisfaz, de forma imprevisível, as vontades efêmeras e as teimosias que todos temos, como, por exemplo, tomar um sorvete em determinado momento ou se apaixonar por certo indivíduo. O talento, ou desígnio, é aquilo para o qual fomos feitos, nossa missão, ou seja, a atividade que fazemos com mais naturalidade e mais competência.

A emoção nos esgota, nos desvia dos objetivos, nos leva a loucas aventuras, bem como a caminhos sombrios. O talento, ao contrário, nos relaxa, nos leva a ser mais firmes e concentrados, nos dando verdadeira realização na vida. No entanto, muitos preferem uma vida de emoções, sem nunca realizarem suas vocações, o que os infantiliza.

Objetivo, na visão emocional deturpada, é, portanto, um conjunto de caprichos e manias. A ideia correta é que objetivo é a concretização da vocação, entregando algo de positivo a si mesmo e à sociedade que nos cerca.

Quando o talento é algo que a sociedade não remunera muito, como ser garçom ou faxineiro, é que vemos a frustração e a negação mais intensas, afinal a mídia nos faz desejar, todos nós, sermos atores de Hollywood, astronautas e grandes empresários, coisa que uma minoria será. Dessa forma, um potencial excelente garçom tentará ser cantor, necessariamente fracassando. Há, afinal, uma grande confusão na sociedade moderna, em que qualquer um faz qualquer coisa, sendo que todos querem outra coisa.

Em uma abordagem mais criteriosa, talento é aquilo que cada pessoa faz de relativamente melhor. Ou seja, se hipoteticamente o indivíduo fosse posto a realizar todas as tarefas estabelecidas na nossa sociedade, haveria uma em que ele se sairia melhor, comparando com seu próprio desempenho nas demais. Assim, ser talentoso em algo não é necessariamente ser o melhor do mundo, mas ser melhor que você mesmo, dentro do espectro de atividades realizáveis.

Conceito semelhante é o de vantagem comparativa, criado pelo economista David Ricardo (1772-1823). Ricardo dizia que é mais vantajoso para todos que cada nação foque em produzir aquilo em que é comparativamente mais eficiente. Por exemplo, se um país, alocando toda mão de obra disponível em produzir batatas, consegue um resultado, em termos de batatas, maior que qualquer outro, deveria produzir batatas, e comprar, por exemplo, sapatos, de outro com maior eficiência na produção de sapatos. Assim, todos comprariam batatas e sapatos mais baratos e melhores.

Consideremos a analogia individual: alguém bom em escrever e ruim em cozinhar, por exemplo, deveria apenas escrever, contratando um cozinheiro para cozinhar. E, inversamente, alguém bom em cozinhar e ruim em escrever, deveria apenas cozinhar, e comprar livros de escritores especializados. A sociedade teria, dessa forma, mais comida boa e mais livros bons. As pessoas também tenderiam a ser mais realizadas em seus ofícios. Não se trata de ser um especialista, mas de ter uma atividade principal adequada a si mesmo.

Consideremos a analogia individual: alguém bom em escrever e ruim em cozinhar, por exemplo, deveria apenas escrever, contratando um cozinheiro para cozinhar. E, inversamente, alguém bom em cozinhar e ruim em escrever, deveria apenas cozinhar, e comprar livros de escritores especializados. A sociedade teria, dessa forma, mais comida boa e mais livros bons. As pessoas também tenderiam a ser mais realizadas em seus ofícios. Não se trata de ser um especialista, mas de ter uma atividade principal adequada a si mesmo.

7.3 Invista no que entende

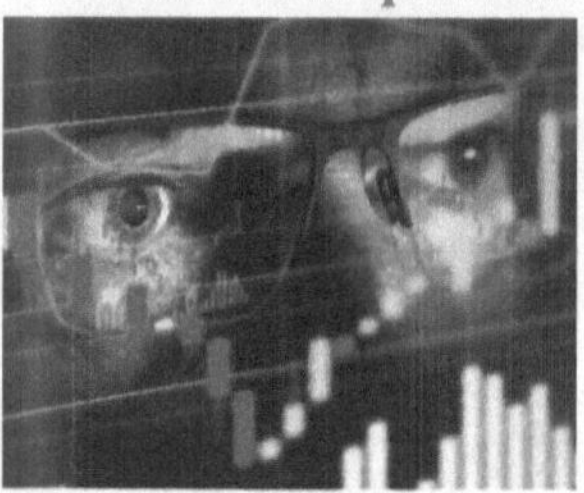

A máxima "invista no que entende" deveria ser tida como óbvia. Todos, de fato, concordam com tal afirmação. Pode-se afirmar que, caso entrevistados, quaisquer indivíduos diriam "eu invisto apenas no que entendo". O problema é que estes mesmos sujeitos *não dizem*, mas *agem* como se *entendessem de tudo*.

A questão se desloca então para a pergunta "o que eu sei?", ou "o que conheço com alguma propriedade?". Buscamos nos enganar em níveis inimagináveis, e nos vermos como sábios, bem-sucedidos e bonitos, pois isso aumenta nossa autoconfiança e a chance de sermos respeitados pela sociedade.

O autoengano serve para suportar a vida e nos permitir ter segurança para realizar as atividades do dia a dia. Como, afinal, superar o autoengano e ter a clara percepção de si mesmo como alguém entende de poucas coisas, às vezes de coisa nenhuma?

Vejamos um exemplo. Um homem, a princípio, arrogante, após um período de reclusão, meditação e humildade, descobre que é ignorante em quase tudo. Ao final, ele percebe que entende muito de informática. Sabe programar, tem facilidade com eletrônicos, conclui tarefas em computadores rapidamente, memoriza todos os comandos e atalhos. Ele sonhava em ser músico, mas descobre a contragosto que entende de informática.

Cada pessoa do mundo terá uma conclusão similar ao homem acima. Amamos uma coisa, mas somos bons em outra. Buscamos uma área, mas entendemos de outra. É que a emoção, como o amor, tem a suas contradições, a sua atração pelo errado e pelo proibido, daí querermos o que não podemos ter.

Deve-se chegar a essa resposta, antes de investir ou empreender, ainda que leve tempo. Do que eu entendo? Ou ainda, o que sou capaz de entender?

A mídia e os outros *players* não ajudam, pois dão falsas esperanças a todos, em troca de boas comissões. Dizem que é fácil investir na bolsa de valores, que lendo alguns artigos já é possível entender o mercado de petróleo, ou saber quais empresas irão crescer no ano seguinte. Livros de autoajuda e influenciadores dizem "você pode", "não pense, aja", "a oportunidade é agora", ou falam dos ricos instantâneos, em frases como "colocou todo o dinheiro em bitcoins e ficou bilionário" ou "apostou na bolsa e triplicou a renda".

Em suma, a ideia é simples. Compre ações de uma empresa do mercado de aço, se entende de aço. Abra uma padaria, se sabe como fazer pão. Compre bitcoins se sabe como funciona o *blockchain* e outras tecnologias associadas. Seja músico, se sabe tocar. Escreva um livro sobre determinado assunto se conhece este assunto. Contrate alguém, como um gerente de investimentos, se entende sobre investimentos, de forma a cobrar resultados dessa pessoa. Os exemplos são infinitos. Expressando de outra forma, não engane a si mesmo.

investimentos, se entende sobre investimentos, de forma a cobrar resultados dessa pessoa. Os exemplos são infinitos. Expressando de outra forma, não engane a si mesmo.

7.4 Não seja um técnico!

A técnica, da mesma forma que o dinheiro, deve ser um meio, e não um fim. Um dos problemas do mundo, no séc. XXI, é considerar a técnica como algo com valor em si mesmo, alienado das suas circunstâncias e efeitos.

Saber usar aplicativos, como o *Word*, ser fluente em diversos idiomas, ter tido uma educação de qualidade, conhecer a gramática, saber manusear livros, não são suficientes para ser um bom escritor, ou mesmo um bom leitor. Estas coisas são técnicas, habilidades que podem ser úteis à atividade literária, mas não são a atividade em si. Para ser um bom leitor é preciso viver o livro, assimilá-lo, saber que se trata de uma auto exploração, ao invés de mera descrição de personagens, e isso vai muito além da técnica de leitura. Da mesma forma, escrever bem é encontrar um estilo, uma voz pessoal e uma presença em cada palavra.

Aprender métodos de gerenciamento de recursos humanos, saber ler gráficos de desempenho de ações, conhecer os principais livros de economia, também não garantem um sucesso empresarial no mercado. Há algo mais, um fator intuitivo, um jeito natural de agir que suplanta toda teoria e toda técnica, permitindo que alguém, em tese, menos instruído, muitas vezes obtenha um resultado mais significativo.

Os grandes nomes da história atingiram notoriedade, regra geral, por conseguir aliar grande técnica em certa atividade específica, a outros conhecimentos variados e experiências diversas, permitindo o uso criativo da técnica. Há casos de generais que liam romances, escritores que lutaram na guerra, empreendedores que já foram empregados em outras empresas, cantores que viveram paixões, sendo cada experiência paralela uma fonte de inspiração à atividade principal. Não há como não associar a religiosidade à técnica de piano de Bach, afinal muitas das suas obras eram tocadas em igrejas.

Ser apenas um técnico pressupõe automatismo sem pensamento. Pior do que o especialista, o técnico é o especialista sem alma. Seria o caso de alguém que traduz todos os dados do mercado financeiro em planilhas segmentadas, sem compreender totalmente, ao final reencaminhando à sua chefia. Em outro exemplo, teríamos um músico guitarrista que executa solos difíceis, mas que são chatos e sem qualquer beleza mais profunda, ou seja, que são apenas técnica, sem forma musical.

O técnico vive em um eterno treinamento para algo que nunca virá. É um *expert* em ferramentas, mas que não vislumbra um uso para elas. Manuseia facas, serrotes e martelos, mas nunca criará um móvel, como uma mesa. Seu destino é ser empregado de outro, que o utilizará para seus fins, caso de muitos programadores que trabalham para grandes empresas, como Google e Facebook; sabem tudo de programação e linguagens, mas não têm ideias.

Vejamos como proceder corretamente. Tenha um sonho. Este implica sub-etapas e requisitos para ser realizado. Ao final, chegaremos às técnicas necessárias, as quais devem ser aprendidas e utilizadas, em vista do sonho inicial. É um trabalho de engenharia reversa, ou seja, partindo do fim para o início. Não seja, enfim, um técnico, mas use as técnicas estritamente necessárias.

7.5 Não seja um especialista!

Apesar da necessidade de ter um foco, dentro da aptidão natural de cada um, não devemos ser especialistas. Exercerá bem uma determinada função aquele que tiver, lado a lado, conhecimentos gerais e específicos. Os conhecimentos gerais reforçam os conhecimentos específicos.

Deve-se, é verdade, ter o cuidado de não se perder nos conhecimentos gerais. Estes são um apanhado de tudo que existe, das diferentes disciplinas e pontos de vista, para podermos "pescar" o que nos interessa. E, após descobrirmos o que nos interessa, os conhecimentos gerais funcionam como um baú de soluções e *insights*, que nos ajuda a resolver problemas específicos e criar perspectivas sociais, e mesmo cósmicas, mais amplas.

Alguns exemplos de conhecimentos a serem abarcados: literatura, pintura, religião, mitologia, arqueologia, sociologia, corte e costura, pesca, pecuária, agricultura, culinária, etiqueta social, moda, direito, administração de empresas, dança, filosofia, história da ciência, engenharia etc. Certamente um bom médico, por exemplo, ou um jornalista, terão grandes proveitos em terem contato com as disciplinas mencionadas acima.

O especialista ignora os conhecimentos gerais. Ele é inepto, exceto por um ponto específico. Em 99% dos seus pensamentos é um completo alienado, mas na sua área de trabalho, a qual ocupa todo o seu tempo, é competente e interessado. Em seguida, como ninguém consegue ter lacunas mentais, esse 1% é elastecido até atingir artificialmente 100%. Ou seja, o pequeno conhecimento passa a ter a pretensão de explicar tudo.

O resultado é vermos um historiador, por exemplo, dizer que tudo se resume à história. Não seria de se espantar que um dentista, achasse que todas as atitudes humanas podem ser deduzidas dos seus dentes. O jornalista pensa que tudo são fatos e notícias. O filósofo vê a realidade como um conjunto de conceitos. O cientista afirmará que tudo pode ser explicado e determinado pelo método científico. E assim por diante. Diversas ilhas com seus pequenos reis, crendo, cada um deles, ser o senhor do universo.

George Bernard Shaw (1856-1950) disse que "o especialista é um homem que sabe cada vez mais sobre cada vez menos, e por fim acaba sabendo tudo sobre nada". Ortega y Gasset (1883-1955) também pontuou a semelhança entre o especialista e a figura moderna do homem-massa, sendo um intermediário medíocre entre o sábio e o ignorante.

O aspecto mais preocupante é a agressividade e senso de importância que o especialista manifesta em áreas alheias ao seu ramo de atuação, como uma espécie de alienado autorizado pela sociedade a falar. Em outras épocas, é possível que o ignorante tivesse mais possibilidade de reconhecer a própria ignorância e escolher se educar. Na modernidade, com a figura do especialista, temos o ignorante que ignora totalmente sua própria ignorância, crendo mesmo ser sábio, sem ser.

especialista, temos o ignorante que ignora totalmente sua própria ignorância, crendo mesmo ser sábio, sem ser.

7.6 Fuja da manada!

É amplamente reconhecido o fato de que a maioria das pessoas é medíocre, sem grandes talentos e sem grandes feitos em suas vidas. A própria palavra medíocre tem a mesma base etimológica de médio. Média, por sua vez, é a representação de uma população, sendo o valor que mais se aproxima da normalidade. Ou seja, ser normal é ser medíocre.

Se, como concluímos, ser normal é ser medíocre, toda multidão, manada, maioria, turba, aglomeração, grupo ou agrupamentos semelhantes, devem ser evitados, como fontes de más decisões, más influências e mesmo como entidades perigosas. O risco de linchamento é presente para talentosos em meio a um grupo, pois a inveja de muitos poderá se converter em violência sem qualquer razão. Outro risco é seguir o grupo, e cair com ele, como, por exemplo, os investidores nas crises econômicas de 1929 e 2008.

No entanto, mesmo com os problemas mencionados, o instinto humano é de socializar e ser aceito pela coletividade. O quadro mais triste é o de alguém que opta por negar a verdade, desde que isto implique em ser aceito e admirado pelo grupo.

O preço de tal decisão e negação da realidade será pago ao final, mesmo a contragosto. Como diz a frase, "pode-se negar a realidade, mas não se pode negar as consequências de negar a realidade". Devemos, claro, buscar o oposto, amar a verdade e cultuar os poucos e eventuais amigos, sem pretensão de popularidade.

A manada pode ser usada, em realidade, como balizamento invertido. Ou seja, devemos sempre observar o grupo, da mesma forma que observamos os animais selvagens a uma distância segura. Se a manada vai para um lado, quase sempre é o momento de ir para o lado oposto.

Como exemplo, se, em dado momento, a televisão, as revistas e as redes sociais informam que investir na bolsa de valores é um grande negócio e que todos estão "aproveitando" a oportunidade para ficar ricos com suas compras de ações, talvez seja o momento de sair e se afastar da bolsa de valores. Da mesma forma, o contrário. Se todos estiverem poupando, tomando pouco risco, talvez seja o momento de se arriscar, empreender ou comprar ações.

Quando todos entrarem, você sairá. Quando todos saírem, você entrará. Se todos disserem que não dá para fazer, você fará. Se todos fizerem, melhor não fazer. Certamente, deve-se avaliar caso a caso, pois há situações para seguir temporariamente a multidão, mas se afastando novamente na primeira oportunidade.

Quando lembramos dos grandes nomes da história, ou dos criadores das grandes obras, sempre tratamos de indivíduos, nunca de grupos. E, como sempre é observado, todo grande indivíduo controla e influencia um grande grupo. A coletividade é o lugar da escravidão e da subserviência. Se age como um pato, é um pato. A individualidade, ao contrário, é o caminho do poder, em suas diversas nuances. Se age como um rei, é um rei.

7.7 Não acredite na Justiça

Muitos se iludem e acreditam que o órgão chamado "justiça", ou poder judiciário, trata da ideia de Justiça, como discutida ao longo da história, por tantos teólogos e filósofos. Da mesma forma que o Ministério da Verdade, na obra *1984*, de George Orwell, trata justamente do oposto, ou seja, falsificações, devemos observar se a "justiça" não cuida de criar injustiças institucionalizadas.

Em primeiro lugar, o mais óbvio. Juízes, procuradores, advogados, desembargadores, despachantes, técnicos judiciários, policiais, peritos e demais agentes relacionados, não são anjos. Eles não vieram do céu, com suas asas e togas para trazer a Justiça ao mundo dos homens, diretamente do mundo celestial das ideias. Não são seres puros, quase assexuados, que julgam processos com total imparcialidade e considerando apenas a lei. São homens, como outros quaisquer, capazes de serem corrompidos, de serem estúpidos, desonestos e de errarem de forma grosseira, mesmo com boas intenções.

A própria lei não foi encaminhada por seres supranaturais, como ocorreu com Moisés e seus 10 mandamentos, recebidos diretamente do Criador. O direito positivo, conjunto de leis escritas e alteráveis rotineiramente, tem pouco valor metafísico, sendo um reflexo dos interesses políticos de cada dia, travestidos de grande pompa e misticismo.

Mesmo a Constituição, lei maior do país, no caso do Brasil, foi feita sem grandes reflexões, basicamente copiando princípios de constituições anteriores e de outros países, acrescentando adendos aleatórios, ao final refinada, dourada por operadores do Direito e tida como digna de reverência.

Se existe alguma lei a respeitar, é a lei natural, aquela que encontramos em nossos corações, sem grande esforço. Uma comunidade sem Estado, como indígenas, segue certos princípios, a exemplo de não matar um semelhante, ou não roubar. O direito natural explica haver certa ordem social, mesmo diante dos absurdos estatais.

Na prática, diante de um problema, ou ameaça, evite processar a outra parte, tente sempre resolver de outro modo. Em caso de ameaça física, reaja diretamente e combata o inimigo. Nos casos em seja possível diálogo e acordos, opte por essa via. A satisfação é maior, e a resolução muito mais eficaz, liberando o tempo para atividades mais construtivas.

Buscar a participação estatal, via processo judicial, significa retardar a solução, pagar taxas, alimentar despachantes e demais burocratas. E, ao final, com a distância do problema inicial, a solução virá como algo anacrônico e deslocado. Há, ainda, o dano psicológico, no que se refere à perda de motivação e vínculo excessivo ao Estado.

7.8 Não acredite na política

A atividade política é inerente à humanidade. Não há possibilidade de apagar nosso aspecto político, mas apenas controlá-lo e balanceá-lo com as demais atividades humanas.

Em realidade, existem duas acepções de política. Por um lado, quaisquer relacionamentos comunitários em vista de resolver problemas coletivamente e representativamente, por outro, a política profissional que emana de um processo eleitoral democrático. A primeira é louvável, a segunda danosa.

A política enquanto vida em comunidade deve mesmo ser estimulada, de forma a criarmos um ambiente de resolução pacífica de conflitos e bem-estar geral. No entanto, a política como profissão e vinculada ao Estado, é predatória, como um câncer que destrói a cada dia o tecido social, as finanças públicas e o senso moral.

Para que confiemos no Estado e o alimentemos, este nos vende a ideia de que todas as soluções viáveis são estatais, e que os políticos, com todos os seus defeitos, são as pessoas indicadas para nos reportarmos em busca de soluções. Se quer um emprego, pode-se fazer um concurso público. Se quer saúde, pode buscar a unidade de atendimento pública. Se quer estudar, temos as universidades públicas. E por aí vai.

A verdade é o oposto. Normalmente a melhor maneira de resolver problemas é se afastar do Estado. Este sabe disso, e tenta forçar uma sociedade em que apenas ele seja a opção, evitando competição, o que configura o comunismo. Mas enquanto for possível, devemos nos afastar de soluções propostas por políticos profissionais.

Há o agravante de que Estados muito inchados, caso do Brasil, acumulam uma quantidade de dinheiro muito grande, atraindo psicopatas e criminosos. Psicopatas farejam dinheiro e poder, aparecendo em grande número. Eles têm a exata qualificação para serem políticos bem-sucedidos: sedutores, manipuladores, fazem o que for preciso, intimidam, mentem e trapaceiam. O mesmo fenômeno ocorre em indústrias trilionárias, como a indústria farmacêutica e armamentista.

Como formigas atrás do açúcar, psicopatas amam o dinheiro. Setores como menor presença de recursos financeiros, e que exijam, ao contrário, mais sensibilidade, como o setor artístico, tem certamente menos psicopatas. O Estado, por sua vez, é o local perfeito para esses aventureiros: permite total controle da população, "imprimir" dinheiro, monopólio da força e possibilidade de censurar.

O mais grave é tomar nosso tempo. Há certo consenso de que no séc. XXI, tempo é o recurso mais valioso e mais escasso. Ser rico é ter tempo para desfrutar a vida e desenvolver seu talento. A política rouba o tempo, exigindo posicionamentos da população, ocupando o noticiário, cria cisões, polarizações, brigas desnecessárias, além, é claro, de nos fazer sair de casa e votar.

Deixar de acreditar na política pode ser uma forma de libertação.

7.9 Siga os melhores

Seguir o exemplo de pessoas notórias sempre foi a forma principal de aprendizado ao longo da história, através da relação entre um mestre e um discípulo. As universidades surgiram apenas mais recentemente na Europa medieval; antes disso o exemplo e o ensino personalizado formavam as pessoas (continuam formando).

É que observar alguém atuando nos dá uma síntese holística de tudo que importa: doutrina filosófica, caráter, forma de se vestir, linguagem corporal, relacionamento interpessoal etc. Em apenas alguns minutos, teremos todas estas informações.

Aplicando ao caso em questão, a busca do dinheiro e do poder, seria o caso de observar pessoas ricas e pessoas poderosas, respectivamente. Claro, não apenas observá-los em situações oficiais e discursos estruturados, mas, através de um eventual estágio, no dia a dia, em suas funções básicas, trabalhando e conversando.

No que se refere às empresas, há o *benchmarking*. Também conhecida como "siga o líder" (*follow the leader*), consiste em observar sistematicamente os concorrentes e copiar as melhores práticas.

Outra vertente disso, é observar e entender os grandes investidores, como, por exemplo, Warren Buffett e sua Berkshire Hathaway. Como é formada a carteira dele? Em que tipo de diversificação aposta? Qual o seu *timing*? Em que momentos altera as posições? Utiliza mais *day trade* ou investimentos de longo prazo? São perguntas a serem feitas e, com alguma pesquisa, tendo respostas alcançáveis, afinal muito é publicado, devido a determinações legais.

Em realidade, muitos dos grandes investimentos são realizados por poucos fundos, como o Black Rock, Pimco e Norges Bank. Pode-se, com alguma habilidade, rastreá-los nas bolsas de todo o mundo.

Como exemplo, se, em dado momento, virmos grandes investidores migrando seu dinheiro de países emergentes para países mais desenvolvidos, pode ser um sinal de crise econômica à frente. Da mesma forma, se grandes famílias e investidores experientes, resolvem comprar ouro, prata e reduzir risco, aparentemente "do nada", pode ser outro sinal.

Há também situações interessantes no mercado de opções, onde se pode "apostar" em eventos futuros. É possível, para evitar alarde, o desenvolvimento de instrumentos financeiros sofisticados, como na crise de 2008, para ocultar o risco e a aposta em uma crise iminente. Por mais complexos que sejam os ativos e opções, é imprescindível entender do que se tratam.

O cuidado a se ter é fazer, não o que dizem, mas o que fazem. Os grandes fundos sabem que são observados, e podem tentar ludibriar seus "seguidores", fazendo-os irem em direção errada, enquanto eles, utilizando empresas com outros nomes, subsidiárias ou associadas, se aproveitariam da situação para lucrar discretamente. Dificilmente grandes *players* erram, assim qualquer "erro" deve ser analisado em detalhes.

8. Conclusão: O caminho da riqueza

É recorrente que, ao tentar alcançar um determinado objetivo, de forma direta e obsessiva, este fim nunca seja alcançado. O oposto, no entanto, parece mais verossímil, ou seja, alguém que quer algo, mas age de forma transversal e indireta, ao final conseguindo o que quer. Da mesma forma, ao tentar capturar uma galinha frontalmente, o animal sempre escapará; inversamente, indo aos poucos, com calma, é possível pegá-la.

Assim, talvez o caminho seja não buscar a riqueza, mas, como no livro *Alice Através do Espelho* (1871), ir na direção contrária ao seu destino, para, paradoxalmente, alcançá-lo. A prática dialética na tradição filosófica sempre ensinou a íntima relação entre algo e seu contrário, como, por exemplo, tese e antítese, quente e frio, medo e coragem etc. Nesta última relação, há o arquétipo do soldado que encontra a coragem através da vivência do medo.

Viktor Frankl (1905-1997) ilustrou a questão com a seguinte frase: "Não aspirem ao sucesso. Quanto mais a ele aspirarem e dele fizerem um alvo, mais falharão. Porque o sucesso, como a felicidade, não pode ser perseguido. Ele deve acontecer... como se fosse o efeito secundário involuntário da dedicação pessoal a algo cuja grandeza nos ultrapassa".

Vejamos a questão financeira de forma mais específica. Grandes nomes da história, ao negar o dinheiro a curto prazo, conseguiram muito mais dinheiro a longo prazo. Não é uma decisão fácil, é preciso ter princípios, um sonho e uma visão maior de onde se quer chegar.

A banda de rock Beatles (1957-1970), talvez a mais famosa de todos os tempos, decidiu encerrar sua trajetória no auge, quando poderia, se continuasse, ter lucrado muito mais milhões de dólares. Dessa forma, se imortalizou, e, surpreendentemente, capitalizou muito mais e com mais dignidade. Steve Jobs (1955-2011), ícone da indústria de informática, também priorizou seu sonho aos ganhos imediatos, perdendo de início, mas tornando sua empresa, no séc. XXI, a maior do mercado. Os exemplos são inúmeros.

Da mesma forma, ocorre com o poder. O homem que tem vocação para o poder será alguém com princípios. Ter princípios implica muitas dificuldades na partida, mas grande recompensa na chegada. No momento em que um sujeito subserviente aproveita uma oportunidade, se dobrando, o homem firme, por sua vez, preferirá perder a oportunidade, desde que mantenha seu centro moral intocado. Mesmo mafiosos e criminosos seguem regras rígidas.

O respeito é construído ao longo dos anos. E a mesma dificuldade que existe para adquirir o status de poder e influência, ocorre para perder tal posição, ou seja, o poder é estável. Vale lembrar que a política costuma flutuar, mas as bases de poder que atuam nos bastidores mudam pouco.

Ninguém irá ajudá-lo, o sistema é feito para perder. Como dizem os frequentadores de cassinos, "a mesa sempre ganha". Dessa forma, não se deve jamais reclamar do sistema, mas compreendê-lo, da mesma forma que se absorve as regras de um esporte, como o futebol, para vencer o jogo e mesmo subvertê-lo.

Mudar o sistema, inovar, é para quem dominou o sistema antigo. Trapacear, tentar destruir o mundo, para não enfrentar a derrota, apenas torna a derrota mais vergonhosa. É preciso vencer todos os jogos, sejam quais forem as regras.

- Seja a elite: pense, tenha, possa e aja. Ou, em termos mais sucintos, pense e aja; aja e pense.